Algoritmos e Big Data a partir do sistema de Justiça Criminal Português

Algoritmos e Big Data a partir do sistema de Justiça Criminal Português

CONTRIBUTOS PARA UMA JUSTIÇA AUTOMATIZADA

2023

Nádia Alberto

ALMEDINA

ALGORITMOS E BIG DATA A PARTIR DO SISTEMA DE JUSTIÇA CRIMINAL PORTUGUÊS

AUTORA
Nádia Alberto

EDITOR
EDIÇÕES ALMEDINA, S.A.
Avenida Emídio Navarro, 81, 3D
3000-151 Coimbra
Tel.: 239 851 904 · Fax: 239 851 901
www.almedina.net · editora@almedina.net

DESIGN DE CAPA
FBA.

PRÉ-IMPRESSÃO
EDIÇÕES ALMEDINA, S.A.

IMPRESSÃO E ACABAMENTO

Fevereiro, 2024

ISBN
978-989-40-1741-7

DEPÓSITO LEGAL

ALMEDINA | GRUPOALMEDINA

AGRADECIMENTOS

Em primeiro lugar, o meu profundo agradecimento não podia deixar de ir para a Escola de Direito da Universidade do Minho, cujo corpo humano, a quem devo o que é um verdadeiro amor ao Direito, sempre me inspirará por esta vida fora.

À minha orientadora, Senhora Professora Doutora Flávia Noversa Loureiro. Por ter aceite orientar a presente dissertação, pela disponibilidade e apoio essenciais à concretização deste projeto.

À Agência Portuguesa do Ambiente, pela estrutura e confiança em mim depositadas.

À titã que é a minha Mãe, Ana Lameiras Alberto, pela chama que me testou e por *substituir insubstituíveis*. À Tia Paula, pelo exemplo, apoio e palavras certas, nos devidos momentos, sempre presentes.

À família que escolhemos, em especial, a Dani, a Kika, o Luís, a Raquel e a Sara, por, sem talvez o sonharem, me lembrarem todos os dias o privilégio que tenho em crescer lado a lado com pessoas assim.

A todos os meus colegas, um enorme obrigada pelos incentivos e ensinamentos constantes.

À minha filha, Francisca Lis, a quem dedico tudo o que faço, por tudo o que significa para mim.

DECLARAÇÃO DE INTEGRIDADE

Declaro ter atuado com integridade na elaboração do presente trabalho académico e confirmo que não recorri à prática de plágio nem a qualquer forma de utilização indevida ou falsificação de informações ou resultados em nenhuma das etapas conducente à sua elaboração.

Mais declaro que conheço e que respeitei o Código de Conduta Ética da Universidade do Minho.

RESUMO

Neste trabalho cumpre perspetivar e responder às muitas modernas e sonantes problematizações no que tange à utilização da Big Data pelas entidades judiciárias e policiais, visto estarem em jogo possíveis ofensas aos direitos e garantias fundamentais dos cidadãos, alvíssaras bandeiras do Estado de Direito postulado.

Nesta senda, indagou-se, por um lado, extremar o seu conceito, bem como definir alguns dos seus inúmeros campos de aplicação e das suas vantagens, e, por outro, retratar as críticas mais comuns que lhe são apontadas.

Para o efeito, a investigação focou-se na análise, necessariamente multi e interdisciplinar, da relevância e adequação da legislação atual face aos desafios emergentes da Big Data, pelo que foi possível inferir que o seu paradigma traz novas questões quer à privacidade e à proteção dos dados pessoais, mas também aos direitos e liberdades já há muito consagrados, o que nos obrigou a meditar acerca das várias questões que lhes estão relacionadas, assim como a tecer algumas salvaguardas.

ABSTRACT

In this work we intend to perspective and to answer to the many modern and sound questions regarding the use of Big Data by the law enforcement agencies, as possible offenses to the fundamental rights and guarantees of the citizens, reward flags of the postulated Rule of Law at stake.

In this direction, it was asked, on the one hand, to extreme its concept, as well as to define some of its many fields of application and its advantages, and, on the other hand, to portray the most common criticisms that are pointed at it.

To this end, the research focused on a necessarily multi and interdisciplinary analysis of the relevance and adequacy of current legislation to the emerging challenges of Big Data, so it was possible to infer that its paradigm brings new issues both for privacy and personal data protection, but also to long-established rights and freedoms, which has forced us to meditate on the various issues related to them, as well as to provide some safeguards.

ACRÓNIMOS E ABREVIATURAS

BD	*Big Data*
Cfr.	Conforme
CDFUE	Carta dos Direitos Fundamentais da União Europeia
CE	Comissão Europeia
COMPAS	*Correctional Offender Management Profiling for Alternative Sanctions*
CNPD	Comissão Nacional de Proteção de Dados
CRP	Constituição da República Portuguesa
FBI	*Federal Bureau of Investigation*
Ed.	Edição
Et. al.	*Et alii*
Etc.	*Et cetera*
EUA	Estados Unidos da América
IA	Inteligência Artificial
Ibid.	*Ibidem*
IBM	*International Business Machines Corporation*
IDC	*International Data Corporation*
IoT	*Internet of Things*
IPSS	Instituição Particular de Segurança Social
IRS	*Internal Revenue Service*
Loc. cit.	*Loco citato*
ML	*Machine Learning*

N.º Número
ONG Organização Não Governamental
Op. cit. *Opere citato*
OPC Órgão de Polícia Criminal
P. Página
PIDCP Pacto Internacional sobre os Direitos Civis e Políticos
PP. Páginas
RFID *Radio Frequency Identification*
Reimp. Reimpressão
Ss. Seguintes
TFUE Tratado sobre o Funcionamento da União Europeia
TJUE Tribunal de Justiça da União Europeia
UE União Europeia
V.g. *Verbi gratia*
Vol. Volume

ÍNDICE

INTRODUÇÃO

Chega a ser axiomático afirmar o quanto a Tecnologia cresceu nas últimas décadas, tal é a obviedade fáctica desta constatação. Mesmo assim, não nos cansamos de contemplar e de (ainda) quedar boquiabertos diariamente com o que esta nos trouxe, perante a sua potencialidade e o quanto nos proporciona e beneficia.

Meio século depois do Computador permear a sociedade, os dados começaram a acumular-se ao ponto de algo novo e especial estar a ocorrer[1]. *Pari passu* com a *Web 2.0*, conectora de pessoas e coisas *online*, e da *cloud computing*, guardiã de dados numa infraestrutura em rede, a *Big Data* (BD), por gerar valor a partir do tratamento de quantidades massivas de informação digital, para as quais já não bastavam as tradicionais técnicas da Computação, é, inegavel-

[1] *Vide* MAYER-SCHÖNBERGER, V., CUKIER, K., *Big data: a revolution that will transform how we live, work and think*. London: Murray, 2013. p. 1.

mente, uma das maiores conquistas no mundo da *Internet of Things* (IoT). Quando nos deparamos, um pouco por todo o lado, com os frutos da sociedade da informação – um *smartphone* em todos os bolsos, um computador em cada mochila e grandes sistemas de tecnologia da informação em todos os locais de trabalho[2] –, algo surge, de imediato, na nossa mente: a quantidade brutal de dados que esta tecnologia gera diariamente, hoje medida em *zettabytes*[3], e, daqui a dez anos, em *yobibytes*[4].

Apesar de ainda não existir uma definição rigorosa para BD, é ela que vem lidar com estes valores. Inicialmente, a ideia nasceu devido ao surgimento de uma gama emergente de *softwares* desenvolvidos para o tratamento de quantidades superiores de dados, o *MapReduce*, da *Google*, e o *Hadoop*, da *Yahoo*[5], e que trouxeram consigo o fim das rígidas hierarquias e da homogeneidade informativa de outrora, deixando de ser necessário que os dados fossem disponibilizados em linhas ordenadas ou em tabelas de bancos de dados clássicas[6]. Hodiernamente, além do

[2] *Vide* MAYER-SCHÖNBERGER, V., CUKIER, K., *ibid.*. p. 6.

[3] Um *zettabyte* corresponde a um trilião de *gigabytes*.

[4] Um *yobibyte* corresponde a 1,208,925,819,614,629,174,706,176 *bytes*.

[5] *Vide* ZIKOPOULOS, P., *Understanding big data: analytics for enterprise class Hadoop and streaming data*. New York: McGraw-Hill., 2012. pp. 53 e ss.

[6] *Vide*, desenvolvidamente, PRAMANIK, M. I. [*et. al.*], "Big data analytics for security and criminal investigations". *In Wiley Interdisciplinary Reviews: Data Mining and Knowledge Discovery*. Vol. 7, n.º 4 (2017), pp. 1 a 19. pp. 10 e ss.

volume, velocidade e variedade caraterísticos da BD, há talqualmente que considerar a sua complexidade, uma vez que a informação digital surge de múltiplas e díspares fontes, engenhos que se multiplicam *quasi* diariamente. Tudo isto vem a ser concertado com a denonimada *high power analytics*, *vide*, algoritmos inteligentes de última geração, que, combinados a alta frequência de processamento dos computadores atuais, dispõem de uma grande capacidade para descobrir novas tendências e perceções[7]. Embora complementares, de um ponto de vista funcional, ao contrário da *machine learning*, a BD não ensina um computador a pensar como o ser humano; o que esta trata, basicamente, é de aplicar matemática a uma vasta quantidade de dados, para gerar probabilidades, inferências que permitem deduzir se um determinado evento irá ocorrer, e, em caso afirmativo, em que medida – daí que a variedade e a multiplicidade de dados esteja relacionada com previsões. Não negamos é que, por serem alimentados com muitos dados nos quais baseiam as suas previsões, estes sistemas tenderão a ter um desempenho eficiente, quadro que, perante a relação de interdependência que apresenta com a Inteligência Artificial (IA), promove a sua futura autonomia.

[7] *Vide*, desenvolvidamente, ELGENDY, N., ELRAGAL, A., "Big Data Analytics: A Literature Review Paper". *In* PERNER, P. (ed.), *Advances in Data Mining. Applications and Theoretical Aspects.* Cham: Springer International Publishing, 2014, pp. 214–27.

A BD inundou o mundo com a IoT e com as poderosas multinacionais detentoras dos nossos dados pessoais. Uma das grandes questões é: o que farão estas entidades com toda a informação que disponibilizamos deliberadamente? O *crash* da Bolsa de Nova York de 5 de fevereiro de 2018, que adveio da circunstância dos seus computadores estarem aptos a integrar, em alta frequência, tudo o que se escreve nos meios de comunicação social, a par do mencionado nas redes sociais e nas estatísticas governamentais, retirando ilações sobre preços de ações, e agindo, autonomamente, com ordens de compra e venda[8] dos cerca de dois terços dos sete biliões de ações que são comercializadas diariamente nos mercados norteamericanos, é uma das respostas à nossa pergunta. Das ciências aos cuidados de saúde, do setor bancário à Internet, os setores podem ser diversos e, juntos, contam uma história semelhante: a quantidade de dados no mundo está a crescer rapidamente, superando não apenas as máquinas, mas a nossa imaginação. A *Google* é capaz de identificar a prevalência da gripe mais rapidamente do que os próprios dados oficiais, vasculhando simultaneamente uma panóplia de termos de pesquisa e produzindo uma resposta em tempo quase real[9]. Da mesma forma, o software *Farecast* da *Etzioni* consegue prever a volatilidade dos preços de um bilhete

[8] *Vide* WIENER-BRONNER, D.,"How the Dow fell 800 points in 10 minutes". [Consult. a 22 out. 2019]. Disponível em: https://cnn.it/2BdymZB.

[9] *Vide* MAYER-SCHÖNBERGER, V., CUKIER, K., *ibid.*. pp. 1 e ss.

de avião e, assim, transferir algum poder económico para as mãos dos consumidores[10]. Os exemplos *supra* retratados demonstram, pois, a potencialidade da Big Data, bem como a medida e o grau em que se pode tornar uma fonte de elevado valor económico.

Os dados possuem um elevado valor científico, social e económico, na medida em que podem ser utilizados por detentores privados, para influenciar opiniões ou mesmo estimular determinados padrões de consumo, mas também podem ser direcionados para a solução de graves problemas públicos, visando a proteção de direitos fundamentais, como a garantia de segurança pública ante o terrorismo. A questão que emerge, entretanto, é de que forma o uso desses dados, a partir de probabilidades e correlações, pode interferir no direito à privacidade e na liberdade individual. Esta vicissitude reflete-se no conflito entre direitos fundamentais, que exige uma ponderação, no sentido de se alcançar as soluções corretas aos novos problemas que decorrem da realidade da era BD. É o próprio Regulamento Geral da Proteção de Dados (RGPD) europeu, num dos seus considerandos, que nos vem recordar que "[a]s novas tecnologias permitem às empresas privadas e às entidades públicas a utilização de dados pessoais numa escala sem precedentes no exercício das suas atividades"[11]. Do étimo, «tecnologia» refere-se às técnicas, artes

[10] *Vide* MAYER-SCHÖNBERGER, V., CUKIER, K., *ibid.*. pp. 3 e ss.

[11] Considerando n.º 6 do RGPD.

e ofícios e ao uso da lógica ou do conhecimento, e, embora hoje apresente uma maior relação com a utilização dos conhecimentos mais avançados da Ciência, todos nós ambicionamos que a tecnologia nos sirva. Existe, contudo, uma necessidade de melhorar a iliteracia, que é transversal à nossa sociedade, sobre a compreensão destas novas tecnologias[12], o que significa que não fará qualquer sentido falar-se num RGPD a um público tão vasto como o da sociedade em geral, sem que se fale, primeiro, do que está por trás de todo o frenesim com a representação digital das pessoas, o que implica conhecer um pouco do *status quo* da Ciência e de algumas das tecnologias computacionais do mundo BD.

O sistema de justiça criminal não quedou indiferente à explosão tecnológica testemunhada pela década passada. O desenvolvimento das mais recentes e variadas tecnologias de análise de dados para segurança e investigação criminal durante as últimas três décadas demonstraram o início, o crescimento e o amadurecimento da análise criminal automatizada[13]. A ascensão rápida e sem precedentes dos algoritmos preditivos permeou muitas das suas etapas, desde o policiamento preditivo às avaliações de risco aquando

[12] *Vide* LORDS, House of., *AI in the UK: ready, willing and able?* (2018). Authority of the House of Lords, 2018. [Consult. a 22 out. 2019]. Disponível em: https://bit.ly/2vhDmfr. pp. 77 e ss.

[13] *Vide* PRAMANIK, M. [*et al.*], *op. cit*, p. 1.

a condenação[14]. Os especialistas na matéria há muito que se aperceberam que o conhecimento sobre os padrões criminógenos é importante para a investigação criminal, além de que o fluxo contínuo de informações é um meio deveras eficaz no que toca a permitir que as forças de segurança tomem decisões em tempo real, pois extrair estruturas de rede ocultas entre criminosos e inferir os seus respetivos papéis a partir de dados criminais permite o desenvolvimento de estratégias eficazes para evitar que os crimes ocorram[15]. Chamamos, contudo, a atenção para uma área obscura, mas em rápido crescimento neste campo: o uso de *softwares* de avaliação de risco, alimentados por sofisticados algoritmos de código-fonte secreto, em todas as fases do processo penal, mormente aquando o momento da decisão judicial de condenação, vicissitude que convoca, conforme veremos, um número infinito de questões.

Nada alheio a toda esta conjuntura, e, qual obra permanentemente inacabada, o Direito mudou. *Veritas*, enfrenta-se hoje uma crise institucional, que clama afincadamente por uma «reforma», na senda de um equilíbrio entre as suas estruturas e a constante metamorfose das circunstâncias sociais, pelo que primordial se mostra meditar sobre o estado das

[14] *Vide* KEHL, D., GUO, P., KESSLER, S., *Algorithms in the Criminal Justice System: Assessing the Use of Risk Assessments in Sentencing*. Responsive Communities Initiative, Berkman Klein Center for Internet & Society. Harvard Law School. 2017. p. 2.

[15] *Vide* PRAMANIK, M. [*et al.*], *op. et loc. cit.*

coisas que se impõe. De facto, a par de uma necessária harmonização entre a segurança pública e a prevenção da criminalidade, que são exigidas ao Estado, e uma consequente sonegação de direitos e liberdades fundamentais, conseguirá ainda o Julgador competir com as caraterísticas que alicerçam e que têm vindo a motivar as vozes que defendem a aplicabilidade da tecnologia à *praxis* jurídica?

Destarte, este trabalho destina-se a focar principalmente estas dinâmicas preocupantes no uso das ferramentas de avaliação de risco criminal e a sua incorporação na investigação criminal e no posterior processo judicativo-decisório aquando uma eventual condenação, que poderá levantar questões legais e éticas fundamentais acerca dos conceitos de privacidade, justiça e transparência. O objetivo é fornecer uma visão geral deste panorama e oferecer um conjunto de questões e considerações importantes que possam auxiliar os interessados no estudo da temática. Nesta senda, colocamos esta tendência no contexto: vamos discutir como estas ferramentas são utilizadas no campo criminal, nomeadamente no âmbito do processo penal, e aprofundar alguma da legislação nacional acerca das questões levantadas pelo uso dos *softwares* de avaliação de risco no policiamento e na decisão judicial, incluindo o eventual potencial para desafios de índole processual e constitucional. Para tal, resumimos os desafios que estes sistemas possam vir a criar ao legislador português, ainda mais no quadro de uma imanente crise no

Direito português, e delineamos uma série de recomendações para garantir que tais instrumentos são implantados de forma a promover e a reforçar a confiança no sistema de justiça.

Destarte, pretendemos aprofundar determinados conceitos, sistematizando e paralelizando os contributos da doutrina jurídica jusfundamentalista e penalista e, essencialmente, processual penalista, em prol dos direitos afetados, a par dos aprofundamentos conceptuais concedidos pela Sociologia, Criminologia e Psicologia. É, pois, neste argumento que o nosso projeto se ancora pertinente.

Com esta obra monográfica multidisciplinar, pretendeu-se revisar *lato sensu* a questão em análise, mas também propiciar o preenchimento do vazio que se faz sentir neste domínio. Após uma densificação dos conceitos que lhe estão subjacentes, desejamos, portanto, com este instrumento, analisar quais os argumentos de que a mais recente tecnologia se pode socorrer para poder propiciar a salvaguarda dos direitos globais - tanto os ambicionados direitos à segurança, como os que aqui, reversa e necessariamente tendem a projetar-se, os direitos de personalidade.

Na ponderação desta temática, se alcançamos já, por um lado, que afirmar corriqueiramente «a tecnologia não pára de crescer todos os dias» é insular, por outro, não é descabido nem desmesurado adiantar que é neste embalo de passos quaternários que a mesma dá, a cada milissegundo do nosso *cronus,* que se vê envolvida a nossa liberdade individual, vicissitude que ambicionamos humildemente lograr demonstrar nas páginas que se seguem.

I. BIG DATA – DA FICÇÃO À REALIDADE

1. Afinal, de que falamos quando falamos de Big Data?

1.1. No rasto da Big Data

À guisa de pórtico, os dourados anos do século XX, centenário berço da consolidação da democracia e da globalização, foram premeditativos do amanhecer do vanguardismo tecnológico com que a hodierna Era da Informação nos brindou. Qual filamento orientador do pensamento jurídico, a Filosofia estuda o Direito como um "contínuo problematicamente constituendo"[16], abrindo caminho a que toda a ação jurídica convoque profusos elementos humanos, sociais e científicos, numa união de esforços destinada a reforçar os firmamentos do edifício jurídico. Esta

[16] *Vide* NEVES, C., *Digesta: Escritos acerca do Direito, do pensamento jurídico, da sua metodologia e outros*. Coimbra: Coimbra Editora, 1995. p. 39.

compreensão emergiu um dos campos que mais instiga os pensadores da atualidade: o da aplicabilidade da Big Data no campo da Justiça Criminal. De facto, e não apenas na *praxis* jurídica, uma ampla gama de outras instituições – desde as Finanças à Saúde —, a par de um significativo despertar de interesse para o estudo desta temática[17], adotou a tecnologia na esperança de mais eficiência, melhoramento da previsão e redução do preconceito[18]. É um patamar – saliente-se – há muito conquistado já não no ermo teorético das especulações filosóficas, mas no local palpável da experimentação empírica.

De um enfoque prospetivo, à medida da evolução da BD, irão também progredir a Inteligência Artificial e a computação quântica, daí que, embora os seus resultados sejam tecnicamente desafiadores, não deixem também de oferecer magníficas oportunidades, na medida em que configuram uma oportunidade única de obter conhecimentos acerca de uma numerosa e emergente tipologia de dados, e uma forma de responder a perguntas que, no passado, estavam completamente fora do alcance da Ciência e da imaginação.

São, pois, variados e pertinentes os fatores desta *new age* proporcionadores do nascimento e da pro-

[17] *Vide* HARFORD, T., "Big data: are we making a big mistake?" [Consult. a 22 out. 2019]. Disponível em: https://on.ft.com/2fTd6R5.

[18] *Vide* CHRISTIN, A., "From daguerreotypes to algorithms: machines, expertise, and three forms of objectivity" *In ACM SIGCAS Computers and Society*. Vol. 46, n.º 1, pp. 27 a 32. (2016). p. 27.

liferação da BD. *Primo*, a computação distribuída e paralela, fruto da elevada capacidade e potência dos computadores da atualidade[19], veio permitir o tratamento de volumes massivos de informação[20], numa eficiência incomparável, ao contrário do que sucedia outrora, tempo em que a sua recolha e processamento dispendia um elevado consumo de tempo e recursos[21]. *Secondo*, em Big Data, basta a um indivíduo *estar vivo* para deixar um rasto digital[22], parcimónia que deveras contribui para um veloz crescimento do volume e da maior variedade possível e imaginária de tipos distintos de dados digitais[23]. *Tertio*, a parti-

19 *Vide* ZIKOPOULOS, P., *op. cit.*., p. 10.

20 É o próprio RGPD a fornecer-nos toda a tipologia de ações que cabem dentro da definição de tratamento de dados, tais como "a recolha, o registo, a organização, a estruturação, a conservação, a adaptação ou alteração, a recuperação, a consulta, a utilização, a divulgação por transmissão, difusão ou qualquer outra forma de disponibilização, a comparação ou interconexão, a limitação, o apagamento ou a destruição". *Vide* artigo 4.º, n.º 2, do RGPD. [Consult. a 22 out. 2019]. Disponível em: https://bit.ly/3652cgM.

21 *Vide* BOYD D., CRAWFORD, K., "Critical questions for Big Data: Provocations for a cultural, technological, and scholarly phenomenon". *In Information, Communication & Society [Em linha]*. Vol. 15, n.º 2 (2012) [Consult. 22 out. 2019]. Disponível em: https://bit.ly/2EFuiAV. p. 673.

22 *Vide* RULE, J., *Privacy in Peril: How We Are Sacrificing a Fundamental Right in Exchange for Security and Convenience [Em linha]*. Oxford, New York: Oxford University Press, 2007. [Consult. a 22 out. 2019]. Disponível em: https://bit.ly/2kLVeL3. p. x.

23 *Vide*, no mesmo sentido, BALL, K., WEBSTER, F., *In The Intensification of surveillance: crime, terrorism and warfare in the information age*, 1.ª ed.. London: Pluto Press, 2003, pp. 42 e ss.

lha *per si* dessa enorme quantidade de dados é francamente simples, o que contribui para a propagação sistemática de informação pelo globo, o que nos leva ao *quarto*, de âmbito público, pois a BD transformou-se num potente instrumento de partilha de Conhecimento e (suposta) transparência de informações, capaz de providenciar soluções para inúmeros problemas sociais, conforme *infra* melhor intentamos desenvolver. *Quinto*, a BD causou um grande entusiasmo devido à perceção de que o processamento de dados origina necessariamente informação nova, sendo este produto resultante tido como muito valioso[24]. *In fine, and last but not the least*, apesar de não deixar de ser encarada enquanto uma tecnologia de tratamento de dados, partilhamos da ideia de que hoje em dia o foco na BD reside particularmente na especial circunstância de esta ser uma ferramenta preditiva e preventiva[25]. Previamente a este fenómeno, mais de metade dos líderes mundiais sentia que não acedia suficientemente à informação necessária para uma tomada de decisão consistente e fundamentada, pelo que se diz a BD veio proporcionar uma passagem da

[24] *Vide* O'LEARY, D., "Artificial Intelligence and Big Data". *In IEEE Intelligent Systems*. Vol. 28, n.º 2 (2013), pp. 96 a 99. p. 99.

[25] *Vide*, no mesmo sentido, BOYD, D., CRAWFORD, K., "Six Provocations for Big Data". *In Social Science Research Network: A Decade in Internet Time: Symposium on the Dynamics of the Internet and Society* [Em linha] (2011). [Consult. a 22 out. 2019]. Disponível em: https://bit.ly/2L3didW. p. 2.

decisão intuitiva para a decisão racional[26]. Hoje em dia, as instituições aptas a proceder ao tratamento de elevados números de dados, e hábeis na obtenção de alguma vantagem informativa, podem dispor de uma enorme vantagem competitiva sobre instituições sem acesso aos mesmos bancos de dados com semelhante potencial[27].

Chegados a este ponto, parcas serão as dúvidas de que o conceito de Big Data estende-se hoje à análise preditiva, entendida enquanto análise de comportamentos ou de outros métodos avançados de análise de dados extrativos de valor dos mesmos, análises que permitirão encontrar novas correlações para detetar padrões e tendências, quer sejam, como *infra* desenvolveremos, no mundo dos negócios, na prevenção de doenças ou, diretamente quanto ao que nos interessa aqui debater, na prevenção e repressão da criminalidade.

1.2. Definições e concetualizações

De um primevo prisma terminológico, as ciências que experimentaram uma explosão no início do século XX, tais como a Astronomia e a Genómica, principiaram o cunho da expressão Big Data, a qual

[26] *Vide* O'LEARY, D., *op. et loc. cit.*.

[27] *Vide* FORTUNY, E., MARTENS, D., PROVOST, F., "Predictive modeling with Big Data: Is bigger really better?", *In Big Data*. Vol. 1, n.º 4 (2013). [Consult. a 22 de out. de 2019]. Disponível em: https://bit.ly/2ZAqrmR. p. 223.

acabou por rapidamente migrar para todas as áreas do conhecimento humano[28]. No campo tecnológico, encontramos o seu prelúdio nos inícios dos anos noventa, com autores a apontar John Mashey como o primeiro a distingui-lo[29]. Michael Cox e David Ellsworth vieram, nessa mesma década, referir-se à Big Data enquanto o «uso de grandes volumes de dados científicos para visualização»[30]. Por sua vez, Gerard Broussard optou posteriormente por defini-la como o "processamento de um volume de dados demasiado grande para ser gerido por um único servidor de ficheiros"[31].

Apesar de «Big Data» permanecer um termo ambíguo, cuja definição precisa pode variar entre campos e contextos institucionais[32], autores há que

[28] Vide BOYD, D., CRAWFORD, K., "Six Provocations for Big Data". *Op. et loc. cit.*

[29] *Vide,* neste sentido, MASHEY, J., *"Big Data ... and the Next Wave of InfraStress". In Usenix - The Advanced Computing Systems Association* [Em linha] (1998) [Consult. a 20 out. 2019]. Disponível em: https://bit.ly/2xQZ48s; *et* LOHR, S., "The Origins of 'Big Data': An Etymological Detective Story". *In The New York Times* [Em linha] (2013) [Consult. a 22 out. 2019]. Disponível em: https://nyti.ms/2RG06NM.

[30] *Vide,* desenvolvidamente, COX, M., ELLSWORTH, D., *Managing Big Data for Scientific Visualization.* ACM Siggraph, 1997. [Consult. a 22 out. 2019]. Disponível em: https://bit.ly/2XPewRg.

[31] *Vide* BROUSSARD, G., *"A Primer for Defining and Implementing Big Data in the Marketing and Advertising Industry"* [Em linha]. Council for Research Excellence, 2014. [Consult. a 22 out. 2019]. Disponivel em: https://bit.ly/2Y33aJx. p. 5.

[32] *Vide* BRAYNE, S., "Big Data Surveillance: The Case of Policing". *In American Sociological Review.* Vol. 82, n.º 5 (2017). pp. 977 a 1008. p. 979.

referem que a IBM uniformizou aqueles que vieram a ser considerados os corolários principais do conceito: as três palavras "V"[33] – volume, velocidade e variedade[34]. Por conseguinte, enquanto uns se bastam com a aceção de que esta corresponde a uma representação de "[...] ativos de informação caraterizados por um volume, velocidade e variedade tão altos que exigem tecnologia específica e métodos analíticos para sua transformação em valor[35]", outros referem-na como "conjuntos de dados caraterizados por enormes quantidades (volume) de dados atualizados frequentemente (velocidade) em vários formatos, como o numérico, o textual ou imagens e vídeos (variedade)"[36].

Ora, apesar de ser possível apreender imediatamente que se está a falar de uma grande quantidade de dados, dificilmente um leigo captará, num pri-

[33] *Vide*, desenvolvidamente, ZIKOPOULOS, P. [*et. al.*] *Harness the Power of Big Data: The IBM Big Data Platform*. New York, Singapore: McGraw-Hill, 2013.

[34] Vide DOUG, L., "3D data management: Controlling data volume, velocity and variety". In *META Group Research Note* [Em linha]. [Consult. a 22 out. 2019]. Disponível em: https://gtnr.it/2cFHqsu. p. 70.

[35] *Vide* MAURO, A., GRECO, M., GRIMALDI, M., "A formal definition of Big Data based on its essential features". *In Library Review* [Em linha]. Vol. 65, n.º 3 (2016). [Consult. a 22 out. 2019]. Disponível em: https://bit.ly/32gIqMz. p. 7.

[36] *Vide* KAPLAN, A., HAENLEIN, M., "Siri, Siri, in my hand: Who's the fairest in the land? On the interpretations, illustrations, and implications of artificial intelligence". *In Business Horizons* [Em linha]. Vol. 62, n.º 1 (2019). [Consult. a 22 out. 2019]. Disponível em: https://bit.ly/2Ldc6Dq. p. 17.

meiro momento, o que realmente poderá significar o fenómeno, pois BD é muito mais do que tamanho[37]. Aliás, e na senda de contextualizar as caraterísticas apontadas, de um ponto de vista generalístico, a BD é uma tecnologia que trata de conjuntos de dados cujos tamanhos superam a capacidade das ferramentas de *software* tradicionais de recolha, organização, geração e processamento de dados[38], dentro de um tempo decorrido tolerável[39]. Portanto, quando nos referimos ao volume, referimo-nos às grandes quantidades de dados gerados a partir de uma panóplia de fontes, sendo o tamanho uma meta em constante movimento, variando, desde 2012, de algumas dúzias de *terabytes* a muitos *exabytes* de dados[40]. A Big Data inclui os dados recolhidos de toda a IoT[41]. A IoT é uma tecnologia que conecta digitalmente coisas físicas, como casas, televisões, frigoríficos, veículos, peças,

37 *Vide*, no mesmo sentido, PRAMANIK, M., [*et. al.*], *op. cit.*, p. 10.

38 *Vide*, desenvolvidamente, KAISLER, S. [*et. al.*], "Big Data: Issues and Challenges Moving Forward". *In Paper of the 46th Hawaii International Conference on System Sciences* [Em linha]. Wailea: IEEE, 2013. [Consult. a 22 out. 2019]. Disponível em: https://bit.ly/30MRFnH. pp. 995 a 1004.

39 *Vide* SNIJDERS, C., MATZAT, U., REIPS, U., "'Big Data': Big gaps of knowledge in the field of Internet". *In International Journal of Internet Science*. Vol. 7, n.º 1 (2012). pp. 1 a 5.

40 *Vide*, desenvolvidamente, EVERTS, S., "Information Overload". *In Distillations*. Vol. 2, n.º 2 (2016). pp. 26 a 33.

41 *Vide* HELLERSTEIN, J., "Parallel Programming in the Age of Big Data". *In Gigaom Blog* [Em linha]. [Consult. a 22 out. 2019]. Disponível em: https://bit.ly/2YepSP3.

componentes de linhas de montagem, cidades inteligentes[42], à Internet, via sensores, *microchipes*, entre tantos outros, e cuja verdadeira revolução está na forma como a ligação à Internet é feita: via «radio *frequency identification*» (RFID). Por outro lado, a Big Data também se refere à informação explosiva disponível nas redes sociais, como o Facebook e o Twitter. Daí que facilmente nos apercebamos que a quantidade de dados gerados pelas mais diversas aplicações aumenta de uma forma dramática diariamente, realidade que exige cada vez maior capacidade de armazenamento, bem como torna essencial a necessidade de distribuição dos locais, quer de armazenamento quer de processamento, uma tarefa que exige *software* paralelo a funcionar em dezenas, centenas ou até milhares de servidores[43]. Neste sentido, a capacidade tecnológica mundial *per capita* de armazenar informação praticamente dobrou a cada quarenta meses desde os anos 80[44]. Aliás, com base numa previsão de um relatório da IDC, o volume global de dados crescerá exponencialmente de cerca de quatro *zettabytes* para

42 *Vide* K. ASHTON, "That Internet of Things" Thing". *In RFID Journal* [Em linha]. [Consult. a 22 out. 2019]. Disponível em : https://bit.ly/2ARgioI.

43 *Vide* JACOBS, A., "The Pathologies of Big Data". *In ACMQueue* [Em linha]. Vol. 7, n.º 6 (2009). [Consult. a 22 out. 2019]. Disponível em: https://bit.ly/2GQLIOI. p. 11.

44 *Vide*, quanto a esta temática, HILBERT, M., LÓPEZ, P., "The world's technological capacity to store, communicate, and compute information". *In Science* [Em linha]. Vol. 332, n.º 6025 (2011). [Consult. a 22 out. 2019]. Disponível em: https://bit.ly/1iltDNy.

quarenta e quatro *zettabytes* entre 2013 e 2020[45]. Até 2025, a IDC prevê que haverá 163 *zettabytes* de dados[46].

Quanto à velocidade, o mundo torna-se mais global e desenvolvido na mesma medida com que a IoT se constrói, o que propaga um maior número e uma maior tendência à recolha de dados, assim como uma maior necessidade de tomar de decisões acerca dos mesmos. Assim, a recolha instantânea de dados levada a cabo pelos inúmeros dispositivos da IoT, em conjunto com a velocidade no uso das redes sociais, que, como vimos, não pára de aumentar, são desencadeadoras do crescimento acelerado dos conjuntos de dados. Por exemplo, existem mais de duzentos e cinquenta milhões de *tweets* por dia. Além disso, por ser inatamente apta a tomar decisões *per si*, a Big Data é bastante mais dinâmica do que os *data warehouses* clássicos, que apenas armazenavam informação, fornecendo, deste modo, decisões que influenciam os próximos dados a serem recolhidos e analisados. Logo, a quantidade de dados armazenada e a necessidade do seu respetivo processamento está diretamente relacionada com a frequência com que aqueles

45 *Vide* ALIYEVA, A., HAJIRAHHIMO, M., "About Big Data Measurement Methodologies and Indicators". *In International Journal of Modern Education and Computer Science* [Em linha]. Vol. 9, n.º 10 (2017). [Consult. a 22 out. 2019]. Disponível em: https://bit.ly/2MN0WZn. pp. 1 a 9.

46 *Vide*, desenvolvidamente, REINSEL, D., GANTZ, J., , RYDNING, J., *Data Age 2025: The Evolution of Data to Life-Critical* [Em linha]. Framingham : International Data Corporation (2017). [Consult. a 22 out. 2019]. Disponível em: https://go.ey.com/2XYTvUn.

são gerados e partilhados, o que é demonstrativo da dimensão desta velocidade[47]. A BD está, portanto, praticamente disponível em tempo real, pois, em comparação com a «*small data*», os «dados grandes» são produzidos de forma mais contínua[48]. Estamos, portanto, em crer que a contínua evolução da IoT poderá tornar-se ainda mais exigente à medida que cada vez mais dispositivos vão sendo preparados para a recolha e a partilha de dados em tempo real.

Falamos em variedade perante a panóplia de tipologias de dados proporcionadores de análises de situações ou de eventos. Há todo um conjunto de dados que surge por meio da "Internet das pessoas e das coisas" e da "Internet de todas as coisas", sendo milhões os dispositivos da IoT geradores de um fluxo constante de dados, resultando não apenas num grande volume de dados, mas em diferentes tipologias de dados caraterísticos de diferentes situações[49]. Com a evolução exponencial das redes de comunicação, dos dados guardados em servidores dos mais diversos tipos e em redes com as configurações mais díspares, e sendo estes geridos pelas mais

[47] *Vide* O'LEARY, D., *op. cit.* p. 96.

[48] Relacionam-se, aliás, dois tipos de velocidade, que são a frequência de geração e a frequência de manipulação, gravação e publicação. *Vide,* quanto a este ponto, KITCHIN, R., MCARDLE, G., "What makes Big Data, Big Data? Exploring the ontological characteristics of 26 datasets".*In Big Data & Society* [Em linha].Vol. 3, n.º 1 (2016). [Consult. a 22 out. 2019]. Disponível em: https://bit.ly/2UhAlom.

[49] *Vide* O'LEARY, D., *op. et loc. cit.*

variadas organizações, passaram os mesmos a estar disponíveis para quase todos os utilizadores de equipamentos informáticos. Logo, não é de todo uma virtualidade que qualquer *byte* de informação é valioso: desde os registos de veículos, imagens de câmaras de vigilância pública e privada, fotografias, taxas de evasão escolar, listas de compras, registos em *e-commerce* e cartões de fidelidade, atualizações de *status* e *login* nas redes sociais, aos diagnósticos médicos, dados de ADN, e ainda, à medida que a biometria e outras áreas do progresso científico se desenvolvem – incluindo o sequenciamento rápido do genoma, a nanotecnologia, a biologia sintética e a simulação climática –, estão a ser geradas grandes quantidades de dados que, até muito recentemente, eram (quase) inimagináveis.

A abordagem da Big Data engloba dados não estruturados, semiestruturados e estruturados, sendo vários os autores a frisar que o foco principal de valor reside nos dados não estruturados[50]. Aliás, segundo a IBM, oitenta por cento da informação mundial é não estruturada e este tipo de informação está a crescer quinze vezes mais rápido que a estruturada[51].

[50] *Vide* DEDIC, N., STANIER, C., "Towards Differentiating Business Intelligence, Big Data, Data Analytics and Knowledge Discovery". *In Innovations in Enterprise Information Systems Management and Engineering: 5th International Conference, ERP Future 2016 - Research*. Hagenberg: Springer International Publishing, 2016, pp. 114 a 122.

[51] *Vide* ZIKOPOULOS, P., *Understanding big data: analytics for enterprise class Hadoop and streaming data*. p. xv.

De acordo com a Pingdom, em 2011 existiam já centenas de milhões de *websites* e mais de cem milhões de *blogs*, com muitos incluindo texto, imagens, áudio e vídeo não estruturados[52]. Os monitores cardíacos dos pacientes hospitalares e as informações de localização dos telemóveis geram diferentes tipos de dados estruturados. As pessoas na Internet geram um conjunto altamente diversificado de dados estruturados e não estruturados. Os dados de navegação na *Web*, capturados enquanto sequências de «cliques», são dados estruturados; por outro lado, as novas fontes de dados, principalmente as redes sociais e os dispositivos móveis disseminam novos tipos de dados e uma grande parte destes dados precisa de ser adicionada aos dados transacionais convencionais. Sendo na sua maior parte dados não estruturados, nomeadamente sob a forma de texto, áudio e vídeo, estes tipos de dados adicionam um novo grau de complexidade às aplicações que com eles têm de lidar. Ora, desde há algum tempo que se intenta criar programas que analisem dados não estruturados e que, de alguma forma, categorizem ou estruturem esses dados para que as informações resultantes possam ser usadas no entendimento de um processo. A título exemplificativo, descobriu-se que as previsões médias de um mercado de ações foram melhoradas tendo em conta o sentimento generalizado no mercado de ações, o que

[52] *Vide* PINGDOM, "Internet 2011 in numbers". *In Royal Pingdom* [Em linha].[Consult. a 22 out. 2019]. Disponível em: https://bit.ly/2XRHnV8.

corresponde a conceito não estruturado, mas posteriormente estruturado pela *Google*[53]. Noutra circunstância, as empresas começaram a investigar o impacto dos problemas advindos dos dados não estruturados, tal como a reputação de uma empresa. Constatou-se que algumas empresas estão a analisar uma série de diferentes tipos de dados para fornecer monitorização contínua de uma série de atividades, incluindo a geração de medidas estruturadas e de avaliações de reputações de empresas e produtos[54], assim como também foram estudadas questões como a monitorização e auditoria de fluxos de dados financeiros e outros (na deteção de fraudes, por exemplo)[55]. Desenvolveu-se um sistema que permite categorizar artigos jornalísticos individualmente, organizando artigos de notícias não estruturados em cerca de setecentas categorias, reconhecendo mais de dezassete mil nomes de empresas com uma precisão de oitenta e cinco pontos

53 *Vide* BOLLEN J., MAO, H., "Twitter Mood as a Stock Market Predictor". *In Computer [Em linha]*.8,28]]}}}],"schema":"https://github.com/citation-style-language/schema/raw/master/csl-citation.json"} Vol. 44, n.º 10 (2011). [Consult. a 22 out. 2019]. Disponível em: https://bit.ly/30JHgJk. p. 3.

54 *Vide* SPANGLER, S. [*et. al.*], "COBRA – Mining Web for Corporate Brand and Reputation Analysis". *In Web Intelligence and Agent Systems*. Vol. 7, n.º 3, (2009). pp. 243 a 254.

55 *Vide* O'LEARY, D., "Knowledge Discovery for Continuous Financial Assurance Using Multiple Types of Digital Information". *In SSRN Electronic Journal* [Em linha] (2012). [Consult. a 22 out. 2019]. Disponível em: https://bit.ly/2PHfhJo. pp. 8 e ss.

percentuais[56]. Noutra abordagem, geraram-se análises de sentimentos não estruturados contidos em *blogs*, mensagens do *Twitter* e noutros textos[57]. A natureza dessas diferentes opiniões pode ser usada para investigar uma série de questões: depois de anúncio ser publicitado, há informações de transações estruturadas, como quando o anúncio foi visualizado, onde ele foi executado e assim por diante. Essas informações de transação podem estar alinhadas com dados anteriormente não estruturados, como o número de *tweets* que mencionam o anúncio, juntamente com o sentimento positivo ou negativo correspondente nessas mensagens. Além disso, certos estudos examinaram que outros dados disponíveis é que poderiam fornecer estrutura, tais como os *hashtags* e *emoticons*, que são úteis na determinação do sentimento[58].

Especificamente, e no que ao objeto do nosso estudo é particular, para a análise das redes criminosas, são várias as categorias de dados a que as agências de segurança inteligente podem recorrer: para uma análise relacional, recorrem a dados textuais, registos de vigilância, registos telefónicos, redes sociais

[56] *Vide* HAYES P., WEINSTEIN, S., "Constru/TIS: A System for Content-based Indexing of a Database of News Stories". *In* SMITH, R. *(ed.)*, *Proceedings of the Second Conference on Innovative Applications of Artificial Intelligence*, n.º 3, 1991. pp. 49 a 64.

[57] *Vide* KIM, S., HOVY, E., "Determining the Sentiment of Opinions". *In COLING 2004: Proceedings of the 20th International Conference on Computational Linguistics.* Geneva: Assoc. for Computing Linguistics, 2003. pp. 1367 a 1373.

[58] *Ibid.*

baseadas na localização, contas bancárias e dados de transações financeiras e relatórios de incidentes de criminais; para uma análise posicional, são utilizados distintos dados das redes sociais, como *blogs*, *Facebook*, *Twitter* e *LinkedIn*[59].

1.3. Partilhar Big Data: partilhar benefícios

A BD transformou-se num potente instrumento de partilha de conhecimento e transparência de informações, capaz de providenciar soluções para inúmeros problemas sociais. Recordamos que foi a própria Google, no ano de 2009, a antecipar a expansão da gripe H1N1, nos Estado Unidos da América, possibilitando a informação apurada o controlo da disseminação do vírus praticamente em tempo real, e antecipando os eventos entre uma a duas semanas em relação às estatísticas oficiais[60]. Inclusivamente, poderosos são os ventos que denunciam que determinadas campanhas eleitorais terão sido influenciadas por esta ferramenta, para as quais terão sido contratados analistas de dados destinados à criação de modelos de previsão de comportamentos dos eleitores[61]. Por conseguinte, constatando-se a veracidade desta

[59] *Vide* PRAMANIK, M. [*et. al.*], p. 10.

[60] *Vide* MAYER-SCHÖNBERGER, V., CUKIER, K., *op. cit.*, p. 2.

[61] *Vide* NICKERSON, D., ROGERS, T., "Political Campaigns and Big Data". *In HKS Faculty Research Working Paper Series*, n.º RWP13-045 (2013). [Consult. a 22 out. 2019]. Disponível em: https://bit.ly/2PHfhJo. p. 3.

ocorrência, este novo modo de direcionamento dos dados nas campanhas ofereceu aos candidatos poderosas ferramentas de manipulação da estratégia eleitoral.

Estamos, portanto, atualmente aptos a assimilar os seus incomensuráveis benefícios para a Humanidade, podendo-se apontar, entre eles, a cura de doenças raras, a previsão de incêndios, a observação da inflação em tempo real, a monitorização das redes sociais, e a antecipação do melhor momento para adquirir um bilhete de avião[62]. *Hoc sensu*, a proliferação da tomada de decisão orientada por BD nas organizações, e no Direito, a um nível específico, explica-se pelo facto de a BD ter o potencial de melhorar tanto a eficiência como a prestação de contas.

1.3.1. Em especial, no Direito e na Justiça Criminal

São diversos os pontos positivos da BD, auxiliada pela IA, enquanto instrumentos auxiliares do jurista, que vão desde os atos administrativos comuns, à pesquisa de situações jurídicas semelhantes pelo advogado[63], até ao seu uso, apesar de ainda muito

[62] *Vide* MAYER-SCHÖNBERGER, V., CUKIER, K., *op. cit.*. pp. 3 e ss.

[63] *Vide* MANRIQUE, J., "Breves consideraciones acerca del aterrizaje de la inteligencia artificial en el derecho y su influencia en la realización de los derechos fundamentales". *In Revista Pensamiento Americano.* Vol. 10, n.º 19 (2017). p. 212.

discutido, enquanto mero instrumento analítico de apoio à decisão judicial[64].

A partir do auxílio de ferramentas de IA, a BD é hoje considerada o verdadeiro veículo daquilo a que a doutrina designa como "justiça antecipatória", havendo recentemente granjeado o resultado das decisões do Tribunal Europeu dos Direitos do Homem com um grau de precisão de setenta e nove pontos percentuais[65].

Considerada por muitos um instrumento idóneo de prevenção criminológica[66], a noção de Big Data e da sua aplicabilidade atraiu toda a atenção das organizações de segurança nos últimos anos, devido ao seu elevado potencial para resolver problemas complexos de forma eficiente[67]. No campo das ciências criminais vivencia-se a forte convicção de que o crime, tal como qualquer outra atividade humana, tem os seus

[64] *Vide* TARUFFO, M., "Judicial Decisions and Artificial Intelligence". *In Artificial Intelligence and Law*. Netherlands: Kluwer Academic Publishers, n.º 6 (1998). p. 317.

[65] *Vide* MEZA, D., "La inteligencia artificial predice juicios de derechos humanos". *In N+1* [Em linha]. (2016) [Consult. a 21 out.2010]. Disponível em: https://bit.ly/2I5EJkf. Este estudo complementa o que Michele Taruffo extrema entre a impossibilidade de se reduzir o raciocínio do juiz a um modelo lógico computorizado, conforme *infra* desenvolveremos, e a capacidade, circunstância distinta, de a IA interpretar tal raciocínio. *Vide* TARUFFO, Michele, "Judicial Decisions and Artificial Intelligence". In Artificial Intelligence and Law. Netherlands: Kluwer Academic Publishers. n.º 6 (1998). p. 317.

[66] *Vide* MAYER-SCHÖNBERGER, V., *op. cit.*, p. 23.

[67] *Vide* PRAMANIK, M., *op. cit.*. p. 1.

próprios padrões. Apesar de não se deixar de admitir ser praticamente impossível uma análise comportamental individual, a avaliação levada a cabo pelos *softwares* consegue prever reações de grupos humanos com uma precisão considerável. *Veritas*, vivemos em tempos em que é (surpreendentemente) possível identificar potenciais criminosos antes mesmo da consumação de um crime. Tendencialmente a alastrarem-se um pouco por todo o globo, sobretudo depois dos atentados de 11 de setembro de 2001, nos Estados Unidos da América, este tipo de solução de segurança é usado em vários departamentos policiais norteamericanos, cujas melhorias de desempenho incluem uma queda de trinta e três pontos percentuais nos assaltos, uma diminuição de vinte e um pontos percentuais nos crimes violentos e uma redução de doze pontos percentuais nos crimes contra a propriedade[68]. Além da sua aplicação em crimes locais, a análise de BD é, como bem se compreenderá, pese a possibilidade dos dados recolhidos serem transnacionalmente disponibilizados, sobremaneira útil na repressão da criminalidade altamente organizada e do terrorismo. Muitas das principais agências – *inter alia*, Interpol, FBI e CIA – já recorrem amplamente a estas ferramentas analíticas, no sentido de que recolhem, analisam e partilham dados entre si constantemente, para resolver casos pendentes, e identificar

[68] *Vide* WOOD, T., *How Big Data helps to catch criminals.* [Consult. 22 out. 2017]. Disponível em https://bit.ly/2KdBVkl.

possíveis vicissitudes vindouras, a fim de desenvolver medidas preventivas para frustrar futuros ataques. Com a análise de Big Data, os principais fatores para a descoberta de redes criminosas, tais como a identificação de membros centrais e a deteção de subgrupos, podem ser feitos a partir da extração automática de dados das redes sociais[69]. A BD tem, portanto, potencial de transformação na forma como as agências de segurança extraem conhecimento vital das redes criminosas, de várias fontes de dados, em simultâneo e em tempo real, para apoiar as suas investigações[70]. Tal poder de conhecimento auxilia estas entidades no desenvolvimento de estratégias abrangentes de prevenção e resposta a crimes organizados, entre eles os ataques terroristas e o tráfico de seres humanos[71].

A «justiça automatizada» não se serve apenas desta tecnologia previamente à comissão de um crime, prevenindo tanto o surgimento de novas infrações como a repetição de factos ilícitos por um infrator reincidente. Ou seja, pode o recurso ao BD talqualmente ser usufruído *a posteriori* no processo penal, a partir da aplicação de *softwares* de avaliação de risco a uma dada situação concreta e particular – desde a tomada de decisão de condenação a pena de prisão à supervisão pós-libertação de um criminoso. Ora, tais ferramentas seguem, grosso modo, um método

69 *Vide* PRAMANIK, M., *op. cit.*, p. 1.

70 *Ibid.*

71 *Ibid.*, p. 15.

comum: analisam-se dados históricos relativos a taxas de reincidência de amostras de criminosos, o que permite determinar quais os fatores que estão estatisticamente relacionados com a reincidência, sendo que as características apontadas que estão mais comummente associadas à repetição da prática criminosa incluem a idade da pessoa no primeiro crime cometido, a vivência de um passado violento e a sua estabilidade familiar[72].

Estes e outros fatores preditivos – tais como o género, a raça e a classe social – são depois incorporados num algoritmo estatístico que pesa mais fortemente uns fatores em relação a outros. Seguidamente, a ferramenta categoriza os resultados de acordo com a pontuação total obtida – risco baixo, moderado e alto –, o que oferece uma forma atrativa de extremar[73] os presumíveis infratores e que tende a significar uma

[72] *Vide Litigating algorithms: Challenging Government use of algorithm decision systems.* AI Now Institute in collaboration with Center on Race, Inequality, and the Law Electronic Frontier Foundation, 2018. [Consult. a 22 out. 2019]. Disponível em: https://bit.ly/2OGMySL.Inequality, and the Law Electronic Frontier Foundation”,”URL”:”Disponível em: https://bit.ly/2OGMySL”,”issued”:{“date-parts”:[[“2018”]]},”accessed”:{“date-parts”:[[“2019”,10,12]]}},”prefix”:”Vide”}],”schema”:”https://github.com/citation-style-language/schema/raw/master/csl-citation.json”} p. 13.

[73] *Vide* SARTOR, G., BRANTING, L., “Introduction: Judicial Applications of Artificial Intelligence”. *In* SARTOR, G., BRANTING, K. (eds.), *Judicial Applications of Artificial Intelligence*, Dordrecht: Springer Netherlands, 1998. pp. 105 a 110.

punição mais severa para aqueles que representem um maior risco de reincidência[74].

A um nível geral, estudos há que afirmam que a BD pode melhorar a predição e a preempção de comportamentos, auxiliando os órgãos de polícia criminal (OPC) a distribuir os seus parcos recursos de forma mais eficiente, por auxiliar a evitar e a intercetar o crime, reduzindo, deste modo, as respetivas taxas. Por outro lado, o policiamento orientado por dados tem também potencial enquanto mecanismo de responsabilização e resposta às críticas que as organizações estão a enfrentar acerca de práticas discriminatórias[75].

É, sem margem para dúvidas, pungente e inelutável esta urdidura entre Direito e Tecnologia, na qual uma se imiscui no outro numa relação recíproca e colaboracionista. Entre estes e tantos outros feitos, confessamos um eterno entusiasmo pelo panorama que a BD promete à Humanidade, arriscando-nos mesmo a admitir que, ao manejar BD, temos nas nossas mãos o poder para manobrar o amanhã. Resta-

[74] *Vide* Caso *Eric L. Loomis* contra *State of Wisconsin*, do Supremo Tribunal dos Estados Unidos, processo n.º 16-6-6387, de 16 de maio de 2016. [Consult. a 22 out. 2018]. Disponível em https://bit.ly/2M80YqZ.

[75] Por exemplo, em resposta à violência policial nos EUA, movimentos como o «Black Lives Matter» levantaram tensões raciais demandadoras por uma reforma policial, pelo que o policiamento orientado por dados é encarado como um antídoto para as práticas discriminatórias nos departamentos da polícia de todo o país. *Vide*, quanto a este assunto, RICKFORD, R., "'Black Lives Matter: Toward a Modern Practice of Mass Struggle". *In New Labor Forum*. Vol. 25, n.º 1 (2016). pp. 34 a 42.

-nos, contudo, aguardar para saber se esta sensação de admirável mundo novo prometido será auspiciosa.

2. Figuras e tecnologias afins

Para a realização do seu fito, a BD recorre a outras tecnologias e técnicas específicas, reveladoras da essência dos conteúdos dos dados diversificados, complexos e de grande escala[76]. Independentemente do campo de estudo ou propósito do leitor, é ambíguo explicar a restante temática a que nos propomos sem principiar pelos pilares básicos em que assenta esta tecnologia. Dado este conspecto, iniciamos esta parte por desenvolver, ainda que de forma visivelmente perfunctória sob um ponto de vista técnico-científico, o que são o Algoritmo e a Inteligência Artificial, visto que *infra* constatar-se-á que são indispensáveis enquanto fio condutor da temática.

De seguida, forçoso é saber que destas duas figuras derivam muitas das técnicas, baseadas na Estatística e nas Ciências da Computação, talqualmente usadas em *Big Data analytics.* Assim, fornecemos uma lista de algumas categorias de técnicas potencialmente aplicáveis ao campo criminal, lista que também é extensível, *mutatis mutandis*, a todas as outras áreas

[76] *Vide* HASHEN, I., YAQOOB, I., ANUAR, N., MOKHTAR, S., GANI, A., KHAN, S., "The rise of 'big data' on cloud computing: Review and open research issues". *In Information Systems.* Vol. 47 (2015). pp. 98-115.

do conhecimento humano, e que não é exaustiva, pois, de facto, a Ciência é ininterruptível na criação de novas técnicas e no aprimoramento das existentes, particularmente em resposta à necessidade de análise das novas combinações de dados.

2.1. O Algoritmo

O Computador, como nós o conhecemos hoje, é uma máquina, uma estrutura que, de um ponto de vista físico, é constituída por componentes eletrónicos, mas que sem programas para executar – o chamado «software» -, não teria aptidão para qualquer outra função. É por entre esta execução de programas que somos apresentados ao algoritmo, uma espécie de maestro de orquestra que explica ao computador como efetuar cálculos matemáticos específicos, de forma a produzir sinfonias de resultados úteis e sem os quais a humanidade do século XXI muito provavelmente já não saberia sobreviver. Ao nível elementar, um algoritmo é, por conseguinte, uma série de etapas que transformam dados em resultados. É, em essência, um manual, uma fórmula, ou, se quisermos, uma receita[77]. Por conseguinte, no sentido de facilitar a compreensão do que se pretende, ilustraremos a questão a partir da extremação da receita do ovo cozido com um dos algoritmos mais francamente

[77] Nesta parte, seguimos a lição de CORMEN, T., ed., *Introduction to algorithms*. 3.ª ed. Cambridge, Mass: MIT Press, 2009.

estabelecidos em vários sistemas judiciários mundiais: o algoritmo de genotipagem probabilística. Algo tão inteligível como a descrição de como ferver um ovo é um algoritmo que dirige uma transformação de dados (um ovo cru, uma panela, um fogão, a água e o sal) no resultado desejado (o ovo cozido), ao passo que um *software* de genotipagem probabilística é um exemplo de um algoritmo mais sofisticado, pois consagra as etapas transformadoras de dados num resultado: uma estatística que estabelece a probabilidade de um determinado suspeito ser a fonte de uma específica amostra de ADN contida numa mistura de ADN de vários outros indivíduos. Neste conspecto, a nota mais importante a reter, desde logo, é que nem todos os algoritmos que visam atingir o mesmo objetivo são idênticos. Na verdade, geralmente diferem em termos de dados e etapas devido às diferenças nas suas hipóteses subjacentes. Por exemplo, um ovo cozido pode ser feito com ou sem sal ou água gelada e pode ser cozido em diferentes quantidades de tempo. Cada abordagem constitui um algoritmo de produção de ovos, embora a qualidade do resultado difira.

O termo «algoritmo informático» é referente à crescente subcategoria de algoritmos cujos passos e parâmetros são determinados não apenas a partir de suposições humanas, mas também a partir da «*machine learning*» (em português, «aprendizagem automática»). Como o próprio nome indicia, a aprendizagem automática ocorre quando um computador identifica padrões em dados preexistentes ou em conjuntos de dados de treino, aprende com esses padrões e incorpora tais lições no algoritmo. Os *softwares* de genotipagem probabilística combinam suposições humanas com *machine learning*, caindo, portanto, neste grupo. Como observado acima, o resultado que se pretende de um *software* de genotipagem probabilística é uma estatística que expresse a probabilidade de um determinado suspeito ser a fonte de uma amostra de ADN específica – geralmente uma pequena amostra degradada inserida numa mistura de material genético de vários indivíduos. Essas amostras podem ser recolhidas, por exemplo, de um balcão de uma loja, de uma alça de carteira, de um cabo de uma faca ou uma bicicleta[78]. Este primevo passo é feito como sempre foi: a amostra é recolhida de acordo com os devidos trâmites legais e, de seguida, um laboratório amplifica-a para análise. A partir daí, todavia, a análise de genotipagem probabilística irá divergir da análise tradicional forense de ADN[79]. Isto porque enquanto que a análise tradicional de ADN procura uma correspondência da amostra para um único perfil genético conhecido da pessoa, a genotipagem probabilística esboça esse perfil – com base nas entradas

[78] *Vide* KIRCHNER, l., *Where Traditional DNA Testing Fails, Algorithms Take Over. In Propublica* [Em linha] (2016). [Consult. a 22 out. 2019]. Disponível em: https://bit.ly/2esxW3p.

[79] *Vide* MOSS, K., "The Admissibility of Trueallele: A Computerized DNA Interpretation System". *In Washington and Lee Law Review.* Vol. 72, n.º 2 (2015). pp. 1059-60. [Consult. a 22 out. 2019]. Disponível em: https://bit.ly/2Mx2EOG.

dos algoritmos antes de procurar uma correspondência[80]. Basicamente, facilmente constatamos que a análise tradicional de ADN é como olhar para uma fotografia, ao passo que usar um algoritmo de genotipagem probabilística é como confiar num esboço.

2.2. A Inteligência Artificial

Falar de Big Data sem falar de IA é praticamente impossível, pois se a primeira se refere ao tratamento de grandes volumes de dados, é a segunda quem acaba por embelezar todo o seu labor. Por isso, ao longo deste trabalho, estas duas tecnologias andarão sempre imiscuídas, pois fundem-se no seu propósito e são codependentes no que nos cabe tratar.

Do estudo da Ford Foundation e da Carnegie Corporation of New York, a cargo de Frank Cook Pierson, *The Education of American Businessmen: A Study of University-College Programs in Business Administration*, de 1959, retira-se que "[a] utilização justa e correta da programação matemática – leia-se investigação operacional – tornará possível que os gestores tomem as suas decisões pela escolha analítica das variáveis relevantes aos problemas que enfrentam, diminuindo-se assim, o papel da "intuição" ou do "juízo tendencioso". É com esta nova inteligência, porventura livre da intuição e do juízo tendencioso do ser humano

80 *Vide* ROTH, A., "Machine Testimony". *In Yale Law Journal*. Vol. 126, n.º 7 (2017). pp. 2018 a 2019. [Consult. a 22 out. 2019]. Disponível em: https://bit.ly/2KONzpp.

(ou, se preferirmos, livre da subjetividade da consciência humana), que nasce a nova tecnologia que, hoje, designamos IA.

Latu sensu, a inteligência é entendida como o "[c]onjunto de faculdades que permitem, a partir dos dados dos sentidos, conceber e compreender, discernir, raciocinar e, dessa forma, resolver situações conhecidas e adaptar-se a situações novas"[81], *vide*, corresponde à capacidade de fornecer soluções para situações diferentes daquelas que o ser humano já tinha conhecimento de como lidar[82]. Por sua vez, o Governo do Reino Unido define IA enquanto "tecnologias com a capacidade de realizarem tarefas que, de outra forma, requereriam inteligência humana do tipo perceção visual, reconhecimento de voz e tradução de idiomas"[83]. Desta linha, podemos inferir que a IA é uma forma de inteligência digital similar à humana, sendo exibida por mecanismos ou *software*. O principal objetivo dos sistemas de IA consiste em executar funções que, caso um ser humano fosse executar, seriam consideradas inteligentes, isto é, trata-se de um sistema computacional desenhado por cientistas para imitar o cérebro humano. Assim sendo, a IA é o ramo da Ciência da Computação que estuda o *software* e o

[81] *Vide* GUEDES, F., VAZA, A., eds., *Dicionário Verbo: língua portuguesa ; conforme a novo acordo ortográfico*, 2.ª ed. Lisboa: Verbo, 2008. p. 641.

[82] *Vide* MANRIQUE, J., *op. cit.*, p. 212.

[83] *Vide* GOVERNMENT, HM, *Industrial Strategy: Building a Britain fit for the future* [Em linha] (2017). [Consult. a 22 out. 2019]. Disponível em: https://bit.ly/2GuEuRt. p. 37.

hardware necessários para simular o comportamento e a compreensão humana, cujo objetivo final é simular a inteligência humana numa máquina, criando robôs conscientes e com sentimentos reais, semelhantes aos humanos. Um dos problemas mais difíceis é a simulação da consciência, uma qualidade humana que nos faz perceber a nossa própria existência[84].

Apesar de serem tecnologias paralelas, tal como a BD, a IA trata do aumento do volume, velocidade e variedade dos dados. Em situações de grandes volumes de dados, a IA auxilia no reconhecimento de padrões difíceis, recorrendo ao uso da *machine learning* e a outras tarefas de base computacional. A título exemplificativo, mais de metade das negociações mundiais dos mercados da Bolsa são feitas por IA. Além disso, a IA contribui para a velocidade dos dados, ao dinamizar decisões que levam muito mais rapidamente a outras decisões. Recorrendo ao mesmo exemplo, se muitos negócios da bolsa são levados a cabo pela IA, em vez de pessoas, a velocidade dos negócios pode aumentar, e um negócio pode levar a muitos outros. Por fim, os problemas de variedade não são resolvidos simplesmente pela paralelização e distribuição do problema. Em vez disso, a IA pode mitigar as dificuldades originadas pelos dados não estruturados, auxiliando na recolha, estruturação e compreensão dos mesmos[85].

84 *Vide* MANRIQUE, J., *op. cit.*, p. 212.

85 *Vide*, quanto à paralelização entre Big Data e IA, desenvolvidamente, O'LEARY, D., *op. cit.*.

2.3. A mineração de dados: alguns exemplos das suas técnicas

Independentemente das estratégias e objetivos pretendidos, de um modo geral, após a recolha dos dados a partir de sistemas de armazenamento e exploração de dados otimizados para este fito, toda a panóplia de dados recolhida é analisada a partir de determinadas técnicas e tecnologias de *data mining*[86], campo em rápido crescimento cujo objetivo principal é aprender com os dados estruturados e não estruturados e transformá-los em conhecimento[87].

Neste contexto, a mineração de dados posiciona-se na interseção de vários subcampos, como a estatística, a pesquisa de bancos de dados, a computação de alto desempenho, a aprendizagem automática e assim por diante[88]. Ou seja, a *data mining* é uma fusão de modelagem estatística, armazenamento em banco de dados e técnicas de IA que compreende um conjunto de técnicas extrativas de padrões de grandes

[86] A título descritivo, para uma compilação das várias técnicas existentes, *vide* CHEN, ZHANG, C., "Data-intensive applications, challenges, techniques and technologies: A survey on Big Data". *In Information Sciences* [Em linha], Vol. 275, n.º 10 (2014). [Consult. a 22 out. 2019]. Disponível em: https://bit.ly/2RvG9IZ; e MANYIKA, J., [*et. al.*], *"Big Data: The next frontier for innovation, competition, and productivity"*. [Em linha]. McKinsey Global Institute. (2011). [Consult. a 22 out. 2019]. Disponível em: https://mck.co/2KKP06c.

[87] *Vide* PRAMANIK, M. [et. al.], *op. cit.*. p. 2.

[88] *Vide* MANYIKA, J. [et. al.], *op. cit.*. p. 24.

conjuntos de dados[89]. Aliás, a IA é considerada a base sólida dos métodos de mineração de dados, tendo sido desenvolvidos um grande número de algoritmos inteligentes de *machine learning* a partir dos mesmos[90]. Diferentes teorias e modelos foram criados para esta extração, as quais permitem analisar as ligações entre as variáveis e desenvolver verdadeiros modelos de previsão, quantificar efeitos e sugerir caminhos[91]. A título enunciativo, a mineração de dados pode determinar os destinatários com maior probabilidade de responder a uma oferta, identificar caraterísticas dos funcionários mais bem-sucedidos ou analisar o mercado para modelar o comportamento de compra dos clientes[92]. No campo da investigação criminal, os diferentes modelos preditivos para detetar atividades criminosas, perfis comportamentais dos criminosos e agrupamento de dados criminais. Assim, as organizações de segurança, os departamentos de polícia e as agências de inteligência contam agora com diferentes técnicas de *data mining* para detetar e deter o crime e o terrorismo.

Dentro das diferentes tecnologias de mineração de dados, no campo da investigação criminal destaca-

[89] *Vide* PRAMANIK, J. [et. al.], *op. et loc. cit.*

[90] *Ibid.*.

[91] Para um estudo detalhado das diferentes teorias e modelos extrativos de padrões informativos, *vide* TUFFÉRY, S., *In Data mining and statistics for decision making. Wiley Series in Computational Statistics.* Chichester: Wiley, 2011.

[92] *Vide* MANYIKA, J., [*et. al.*]. p. 24.

mos a *machine learning* e os *intelligent agents*, podendo-se ainda apontar *text mining*, a *link analysis* e as *neural networks*[93]. A *machine learning* (doravante, «ML») trata da conceção e desenvolvimento de algoritmos que permitem aos computadores aprender automaticamente a reconhecer padrões complexos, na senda de tomar decisões e previsões inteligentes com base em dados empíricos. Basicamente, a ML consiste em utilizar meios computacionais digitais para trabalhar com um conjunto de dados (o denominado «processo de treino»), de forma a dar respostas às questões solicitadas (vulgo, «prognóstico»)[94]. Destarte, os sofisticados modelos de ML, treinados por (grandes) dados, oferecem múltiplas possibilidades, prevendo desde comportamentos de indivíduos, a perfis de personalidade, risco de crédito, estado de saúde, etc.[95]. Destarte, encontrou o seu lugar na investigação criminal e na ciência forense, pois, com base em dados crimi-

[93] *Vide, no mesmo sentido,* MUJEEB, S., NAIDUA, L, "Relative Study on Big Data Applications and Techniques". *In International Journal of Engineering and Innovative Technology* [Em linha].Vol. 4, n.º 10 (2015) [Consult. a 22 out. 2019]. Disponível em: https://bit.ly/2HQlvjN. Para uma análise mais desenvolvida das técnicas apontadas, *vide,* PRAMANIK, M., [*et. al.*], *op. et loc .cit.*.

[94] *Vide,* desenvolvidamente, MITCHELL, T., *Machine Learning.* McGraw-Hill Series In Computer Science 1.ª ed.. New York: McGraw-Hill, 1997.

[95] *Vide* PEDRESCHI, D., "Open the black box: data-driven explanation of black box decision making". *In 5th International Conference on Big Data Analysis and Data Mining* [Em linha]. Rome, 2018. [Consult. a 22 out. 2019]. Disponível em: https://bit.ly/2m3dUGK. p. 1.

nais parciais, os algoritmos de ML prevêem padrões criminais, levando, entre outros feitos, à apreensão de suspeitos[96]. Destarte, nos últimos anos, a literatura de segurança e investigação criminal tem vindo a referir a aplicação de técnicas de ML para identificar potenciais ilícitos (nomeadamente, a fraude financeira) e perfis criminais[97]. A *natural language processing* (NLP) é um exemplo de ML, consistindo num conjunto de técnicas que misturam IA e linguística, usando algoritmos de computador para analisar a linguagem humana. Conforme *supra* referido, a análise de sentimentos das redes sociais, no sentido de determinar como os clientes estão a reagir a uma campanha comercial é um exemplo de uma técnica de NLP[98], a qual consiste na aplicação de processamento de linguagem natural e de outras técnicas analíticas para identificar e extrair informações subjetivas de um texto. Para tal, a técnica consiste basicamente na identificação do recurso, aspeto ou produto sobre o

[96] *Vide* NATH, S., "Crime Pattern Detection Using Data Mining". *In 2006 IEEE/WIC/ACM International Conference on Web Intelligence and Intelligent Agent Technology Workshops*. Hong Kong: IEEE, 2006. pp. 41–44. p. 41.

[97] *Vide*, desenvolvidamente, DAHBUR, K., MUSCARELLO, T., "Classification system for serial criminal patterns". *In Artificial Intelligence and Law*. Vol. 11, n.º 4 (2003). pp. 251 a 269; e BAUMGARTNER, K., FERRARI, S., PALERMO, G., "Constructing Bayesian networks for criminal profiling from limited data". *In Knowledge-Based Systems* [Em linha].Vol. 21, n.º 7 (2008). [Consult. a 22 out. 2019]. Disponível em: https://bit.ly/2MdWJxP.

[98] *Vide* MANYIKA, J., *op. cit.*, p. 29.

qual um sentimento está a ser expressado, e a determinação da sua polaridade (ou seja, positivo, negativo ou neutro) e o grau e a força do sentimento[99].

Por sua vez, os *intelligent agents*, também conhecidos por «agentes autónomos», podem executar as mais diversas tarefas que lhes sejam delegadas. Como tal, são amplamente usados na recolha e manipulação de informações obtidas a partir de fontes relevantes, na senda de obter uma resposta para as questões que lhes sejam colocadas[100]. Sob o contexto da investigação criminal, o agente autónomo desempenha a função de «detetive de software»[101], ao monitorar, identificar e extrair informações para respostas em tempo real. A partir da utilização deste tipo de tecnologia, o FBI e o IRS desenvolveram agentes autónomos que fornecem conselhos úteis, fruto das experiências recolhidas dos agentes mais experientes, aos agentes mais jovens[102]. O agente «COPLINK» é um outro exemplo de agente inteligente que envia mensagens de alerta por meio de vários canais de comunicação, incluindo correio eletrónico e mensa-

99 *Ibid.*, p. 30.

100 *Vide*, desenvolvidamente, BRENNER, W., ZARNEKOW, R., WITTIG, H., *Intelligent Software Agents: Foundations and Applications*, 1.ª ed.. Berlin, Heidelberg: Springer Berlin Heidelberg, 1998.

101 Na expressão de PRAMANIK, M., [*et. al.*]. *op. cit.*, p. 4.

102 *Vide* MENA, J., Investigative data mining for security and criminal detection. 1.ª ed.. Amsterdam, Boston: Butterworth-Heinemann, 2003. p. 114.

gens instantâneas[103]. O «*Doppelgaenger*» é um agente desenvolvido pelo MIT, apto a avaliar ações criminosas, a monitorar o comportamento criminoso e a criar novas regras dinamicamente para, em seguida, atualizar essas mesmas regras sozinho[104].

3. Da fiabilidade da Big Data: é o algoritmo um oráculo infalível?

A última década testemunhou o surgimento da «sociedade da caixa negra»[105], palco que assenta na delegação de determinadas decisões humanas a algoritmos obscuros, que o são por um de dois motivos, ou, por vezes, por ambos: ou porque a linguagem informática ínsita nos mesmos não é compreensível para as partes interessadas, ou porque são secretos, devido à circunstância de as empresas por detrás dos mesmos se recusarem a divulgar os seus componentes precisos, afirmando que são segredos comerciais[106].

[103] *Vide*, desenvolvidamente, LIN, C., [*et. al.*], "Technology implementation management in law enforcement: COPLINK system usability and user acceptance evaluations". *In Social Science Computer Review* [Em linha]. Vol. 22, n.º1. [Consult. a 22 out. 2019]. Disponível em: https://bit.ly/2lNoj8Z.

[104] *Vide* PRAMANIK, M., *op. cit.*. p. 5.

[105] Na aceção de PASQUALE, F., *In The black box society: the secret algorithms that control money and information.* 1.ª ed.. Cambridge: Harvard University Press, 2015.

[106] *Vide Access to STRmixTM Software by Defence Legal teams.* ESR - The Science Behind the Truth. (2016) [Consult. a 22 out. 2019]. Disponível

São muitos os casos controversos a destacar que delegar a tomada de decisão em determinado tipo de algoritmos é censurável, de entre os quais se incluem as análises de previsão criminal. O *software Correctional Offender Management Profiling for Alternative Sanctions* (COMPAS), vulgarmente usado em vários Estados na previsão do risco de reincidência criminal, além de consubstanciar um segredo comercial pertencente à empresa *Northpointe, Inc.*, assenta em fortes preconceitos étnicos[107]. No campo dos algoritmos de genotipagem probabilística, tecnologia amplamente divulgada no campo da investigação criminal, apesar de os proponentes deste tipo de programas defenderem exatidão dos mesmos, os críticos afirmam que a sua fiabilidade é incerta[108].

A *machine learning* desenvolve autonomamente modelos preditivos e sistemas de tomada de decisão baseados em dados, ou seja, em vestígios digitais de atividades humanas (*vide*, opiniões, movimentos, estilos de vida, etc.). Consequentemente, tais modelos podem refletir preconceitos humanos, possivelmente levando a decisões descontextualizadas e injustiças[109]. Por outro lado, os algoritmos informáticos não deixam de ser, *ab initio*, integralmente elaborados por humanos, pelo que, na elaboração de códigos-fontes distintos, apesar do seu objetivo poder ser o mesmo,

em: https://bit.ly/2J1VbUc.

107 Para outras críticas ilustrativas, *vide* PEDRESCHI, D., *op. cit.*, p. 3.

108 *Vide* KIRCHNER, L., *op. cit.*

109 *Vide* PEDRESCHI, D., *op. cit.*. p. 7.

os dados e as etapas precisas – e, portanto, os resultados – variam conforme os *softwares* e conforme a precisão e convicção humana, pois incorporam os propósitos dos seus criadores. Apesar da Big Data prometer uma tomada de decisão menos discricionária e mais objetiva, temos dúvidas de que a adoção de tais métodos reduzirá as ineficiências e as desigualdades institucionais[110]. Ainda assim, tal não deixa de ser manifestamente preocupante, não apenas devido à falta de transparência, mas também devido aos eventuais preconceitos ocultos nos algoritmos.

Com a Big Data também haverão «dados sujos», com erros, incompletude ou precisão diferencial[111], ao que acrescem ainda as diferenças na qualidade das amostras de ADN que alicerçam as estatísticas introduzidas em sede de julgamento criminal, vicissitude que eleva, de todo o modo, o panorama a um patamar ainda mais gravoso.

De frisar é ainda a circunstância de dois dos programas mais populares no domínio da genotipagem algorítmica, o *STRmix* e o *TrueAllele*, serem comercializados pelos e para os Estados para a obtenção de lucro[112], perante a factualidade de o *software Forstical Statistical Tool* haver sido desenvolvido por uma entidade governamental[113].

[110] *Vide* BRAYNE, S., *op. cit.*. pp. 981 e 982.

[111] *Vide* O'LEARY, D., *op. cit.*. p. 98.

[112] *Vide* KIRCHNER, L., *op. cit.*.

[113] *Ibid.*.

II. DA VIGILÂNCIA *BIG DATA* – O POLICIAMENTO PREDITIVO

1. Vigilância *versus* Privacidade

1.1. A vigilância do espaço público e privado

A vigilância é omnipresente na sociedade moderna, sendo considerada uma das suas principais dimensões institucionais[114]. Os recentes desenvolvimentos tecnológicos permitiram uma vigilância sem precedentes, pois, pese os objetivos da vigilância dita «tradicional» e da nova vigilância serem coincidentes, os meios são distintos. Considerando que a vigilância corresponde ao "[e]stado ou condição de quem permanece

[114] *Vide* LYON, D., *Surveillance as Social Sorting: Privacy, Risk and Automated Discrimination* [Em linha]. Florence: Taylor and Francis, 2005. [Consult. a 22 out. 2019]. Disponível em: https://bit.ly/2lZFpR5. p. 13.

atento, alerta, para não correr ou para evitar riscos"[115], e confiando nos sentidos humanos, sem auxílio, a nova vigilância permite o "escrutínio de indivíduos, grupos e contextos a partir do uso de meios técnicos extrativos ou criadores de informação[116].

A vigilância tecnológica tornou-se uma prática rotineira numa vasta gama de domínios públicos e privados. De elemento *quasi* utópico das sociedades de Philip K. Dick (Minority Report) e George Orwell (1984), integra atualmente a realidade em que vivemos, sendo uma ampla gama de atividades quotidianas monitorizadas e catalogadas pelo Estado, mas também entidades privadas. Efetivamente, a vigilância do espaço público permeou a esfera privada, volvendo uma prerrogativa básica de indivíduos em todo o tipo de instituições, quer públicas quer privadas, e uma ferramenta para realizar metas que atendem a interesses particulares[117]. As principais preocupações relativas à vigilância no policiamento e em contextos militares atingiram todo o tipo de instituições – desde as finanças, comércio, trabalho, saúde, educação, seguro, imigração e ativismo –, não podendo as mesmas serem entendidas sem a noção de como as

115 *Vide* GUEDES, F., VAZA, A., *op. cit.*, p. 1250.

116 *Vide* MARX, G., *In Windows into the soul: surveillance and society in an age of high technology*. Chicago, London: The University of Chicago Press, 2016. p. 20.

117 *Vide* ERICSON, R., HAGGERTY, K., (eds.), *The new politics of surveillance and visibility*. 1.ª ed.. Toronto: University of Toronto Press, 2006. p. 22.

buscas por abordagens de BD estão-se a tornar cada vez mais fulcrais[118].

Quanto ao tema que nos ocupa, notamos fenómenos bastante apelativos a analisar. Por um lado, o policiamento do espaço público recolhe e armazena dados de indivíduos não envolvidos, *a priori*, em qualquer investigação ou suspeita. A este ponto voltaremos. Por outro, o Estado, argumentando razões de segurança, adquire e utiliza dados privados com diversas finalidades. Os tradicionais bancos de dados criminais continham informações acerca de indivíduos que foram presos ou condenados pela comissão de crimes. Todavia, mais recentemente, esses mesmos dados passaram a ser complementados por informações de indivíduos que são simplesmente intercetados na rua por um OPC. Por outro lado, neste fenómeno ainda se inclui o facto de que, para se entrar nesta rede de «vigilância secundária», contam também os casos dos indivíduos que nem tiveram contato algum direto com os OPC, mas pura e simplesmente alguma ligação com um suspeito oficial[119], o que decorre do facto de que são incorporados novos sensores de dados e plataformas analíticas nas operações de fiscalização. Através da *link analysis*[120], os OPC recebem alertas em tempo real sempre que

[118] *Vide* LYON, D., *Surveillance after Snowden* [Em linha]. 1.ª ed.. Cambridge: Polity Press, 2015. [Consult. a 22 out. 2019]. Disponível em: https://bit.ly/2kWbN72. pp. 68 e 69.

[119] *Vide*, desenvolvidamente, BRAYNE, S., *op. cit.*, pp. 977 e ss.

[120] *Vide* capítulo I.

os indivíduos contidos na rede entrarem em contato com a polícia ou com outras instituições governamentais. Os dados obtidos pelos leitores automáticos de matrículas automóveis oferecem um exemplo claro de como indivíduos sem qualquer contacto prévio com a justiça criminal são incluídos em bancos de dados policiais[121]. É, portanto, um mecanismo que, por elaborar leituras em todos os veículos com que diariamente se cruza, e não apenas naqueles sob suspeita, armazenando dados para eventual utilização durante uma investigação futura, resulta na inclusão generalizada da sociedade nos bancos de dados estaduais[122].

Outra factualidade a radicar é a vicissitude de ser o próprio Estado uma parte interessada no mercado dos dados, adquirindo às entidades privadas dados originalmente recolhidos para outros fins que não penais[123]. Ora, as entidades governamentais podem

[121] No panorama nacional, veja-se o programa «Polícia Automático», que já conta com uma década de uso. Vide, LUSA, "'Polícia Automático' detectou 521 carros roubados". (2009). [Consult. a 22 out. 2019]. Disponível em: https://bit.ly/2MjZNpF. As câmaras montadas nos veículos dos OPC e em pontos estáticos captam duas fotos a cada carro que passa pela sua linha de visão - uma da matrícula e outra do carro – e regista a hora, a data e as coordenadas de GPS. Estes dados oferecem aos OPC um mapa da distribuição dos veículos por todo o território, possibilitando, em alguns casos, que se observem os padrões de viagem típicos.

[122] *Vide* BRAYNE, S., *op. et loc. cit.*

[123] *Vide* HICKEN, M.. "What information is the government buying about you?". (2013) [Consult. a 22 out. 2019]. Disponível em: https://cnn.it/338Z0P6.

adquirir dados da comunicação social, dados das portagens rodoviárias, endereços e informações de utilizador de contas de serviços públicos, dados de hospitais, estacionamento e imagens de câmaras universitárias, dados de descontos, dados das chamadas de cadeias de restauração, entre outros[124]. Destarte, serve-se de dados institucionais imperativos, assegurando o acesso rotineiro a uma ampla gama de dados sobre atividades quotidianas de bases de dados não policiais[125]. Em determinados casos, constatamos que é simplesmente mais acessível ao Estado comprar dados recolhidos privadamente, ao invés de depender de dados recolhidos por via interna, por serem menores as proteções normativas no que toca à vigilância no setor privado e da recolha de dados[126].

Todo este cenário convoca um dos componentes fundamentais do atual panorama BD: a finalidade da primeva recolha dos dados pode não ser a que estava inicialmente prevista, podendo os mesmos vir a ser utilizados com um distinto propósito. Por conseguinte, a adoção de informações e comunicações tecnológicas possibilitaram a que a informação digital, inicialmente introduzida com intenções definidas e limitadas, fosse aprimorada para lidar com novas

[124] *Vide* BRAYNE, S., *op. et loc. cit.*

[125] *Vide*, desenvolvidamente, FOURCADE, M., HEALY, K., "Seeing like a market". *In Socio-Economic Review*. pp. 9 a 29.

[126] *Vide* PASQUALE, F., *op. cit.*, pp. 45 e ss.

situações[127]. Ora, esta integração e aumento da possibilidade de acesso aos dados pelo OPC facilita um dos recursos mais avassaladores do cenário de Big Data: o arrastamento da vigilância da justiça criminal para instituições de justiça não criminal.

A integração interinstitucional de dados e a proliferação das práticas de vigilância *dragnet,* na qual se incluem a utilização de dados de indivíduos com nenhum contato policial direto e dados recolhidos de instituições não associadas ao controlo criminal representam transformações estruturais na própria natureza da vigilância. Drasticamente, a BD veio mudar o caráter da vigilância pública, sendo a principal responsável pela mudança da vigilância direcionada para a monitorização em massa. Estas práticas, como veremos, suscitam preocupações éticas reais, pois tendem a integrar cidadãos inocentes no sistema de vigilância em números incontroláveis, cujos resultados são abomináveis para os direitos humanos e liberdades civis[128], dado que uma fictícia relação entre certos retalhos de dados pode acarretar que um cidadão cumpridor da lei se transforme num suspeito de terrorismo[129]. A situação tende a piorar drasticamente com as previsões preventivas de risco, cujas técnicas

[127] *Vide* INNES, M., "Control Creep". *In Sociological Research Online* [Em linha]. Vol. 6, n.º 3 (2001). [Consult. a 22 out. 2019]. Disponível em: https://bit.ly/2kTXwrv. pp. 8 e ss.

[128] *Vide* LYON, D., *In Surveillance after Snowden*. pp. 11 e seguintes.

[129] *Ibid.*

incentivam e intensificam a orientação para o futuro, conforme melhor desenvolveremos *infra*.

1.2. Privacidade e proteção de dados enquanto pilar da Democracia: um quadro normativo

1.2.1. Uma breve excursão pela privacidade no contexto internacional

No sistema jurídico ocidental, a privacidade é um valor fundamental protegido por disposições explícitas, tanto em Tratados Internacionais, como em Constituições, não só encontrando-se expressamente mencionada, como ocupando um lugar de destaque, próprio de valor jurídico base dos pilares fundamentais da sociedade.

A Declaração Universal dos Direitos do Homem (DUDH), de 1948, proclama que [n]inguém sofrerá intromissões arbitrárias na sua vida privada, na sua família, no seu domicílio ou na sua correspondência, nem ataques à sua honra e reputação", acrescentando que "contra tais intromissões ou ataques toda a pessoa tem direito a protecção da lei"[130]. Reproduzindo o teor da norma anterior, o Pacto Internacional sobre os Direitos Civis e Políticos (PIDCP), aprovado em 1966, visa igualmente proteger a privacidade[131].

[130] Artigo 12.º da DUDH. [Consult. a 22 out. 2019]. Disponível em: https://bit.ly/2JKty3L.

[131] Artigo 17.º do PIDCP. [Consult. a 22 out. 2019]. Disponível em: https://bit.ly/2Jac28N.

A Convenção para a Proteção das Pessoas relativamente ao Tratamento Automatizado de Dados de Caráter Pessoal do Conselho da Europa (Convenção n.º 108), de 1981, trata da garantia expressa do controlo do indivíduo sobre os seus próprios dados[132], consagrando princípios fundamentais de proteção de dados pessoais[133].

1.2.2. A privacidade no contexto europeu e as novas soluções para velhos problemas

Da Carta dos Direitos Fundamentais da União Europeia (CDFUE) resulta que "[t]odas as pessoas têm direito ao respeito pela sua vida privada e familiar, pelo seu domicílio e pelas suas comunicações"[134]. No mesmo diploma é ainda estabelecido que "[t]odas as pessoas têm direito à proteção dos dados de caráter pessoal que lhes digam respeito, devendo "[e]sses dados devem ser objeto de um tratamento leal, para fins específicos e com o consentimento da pessoa

132 Artigo 8.º da Convenção n.º 108. [Consult. a 22 out. 2019]. Disponível em: https://bit.ly/2pJXEvL.

133 Nos termos do artigo 5.º da Convenção n.º 108, referimo-nos aos princípios da finalidade, da adequação, da pertinência, da exatidão, das garantias da retificação e da informação, etc.. (artigo 5.º da Convenção n.º108), que vieram a integrar a Diretiva 95/46/CE, do Parlamento Europeu e do Conselho, de 24 de outubro de 1995, relativa à proteção das pessoas singulares no que diz respeito ao tratamento de dados pessoais e à livre circulação desses dados.

134 Artigo 7.º da CDFUE. [Consult. a 22 out. 2019]. Disponível em: https://bit.ly/2pQLnpe.

interessada ou com outro fundamento legítimo previsto por lei. Todas as pessoas têm o direito de aceder aos dados coligidos que lhes digam respeito e de obter a respetiva retificação”[135], sentido expressamente adotado pelo Tratado sobre o Funcionamento da União Europeia (TFUE)[136].

Face à obrigatoriedade da sua transposição, vindo a influenciar largamente a proteção concedida em matéria de dados pessoais pelos Estados Membros da UE, são ainda relevantes as denominadas *privacy Directives*: a Diretiva 95/46/CE, do Parlamento Europeu e do Conselho, de 24 de outubro de 1995, relativa à proteção das pessoas singulares no que diz respeito ao tratamento de dados pessoais e à livre circulação desses dados[137], e a Diretiva 2002/58/CE, do Parlamento Europeu e do Conselho, de 12 de julho de 2002, relativa ao tratamento de dados pessoais e à proteção da privacidade no sector das comunicações eletrónicas[138].

[135] Artigo 8.º da CDFUE. [Consult. a 22 out. 2019]. Disponível em: https://bit.ly/2pQLnpe.

[136] Artigo 16.º, n.º 1 do TFUE. [Consult. a 22 out. 2019]. Disponível em: https://bit.ly/2GDkPL4.

[137] Esta Diretiva tinha como escopo materializar os princípios do direito à privacidade vertidos na Convenção n.º 108 e alargar o âmbito da sua aplicação, ao adotar novos instrumentos de proteção. Uma das principais novidades foi o estabelecimento dos agentes fiscalizadores das regras sobre proteção de dados, as autoridades de controlo independentes (os reguladores nacionais, como é o caso da portuguesa Comissão Nacional de Proteção de Dados – CNPD)

[138] Alterada pela Diretiva 2006/24/CE do Parlamento Europeu e do Conselho, de 15 de março de 2006, relativa à conservação de dados

1.2.2.1. O Regulamento Geral da Proteção de Dados

No dia 4 de maio de 2016, a União Europeia publicou o Regulamento Geral de Proteção de Dados (RGPD)[139]. Este novo quadro legal implicou diversas mudanças impactantes no dia-a-dia das instituições públicas e privadas, que tinham, até 25 de maio de 2018, de implementar as novas diretrizes. Algumas das razões que levaram à criação deste novo Regulamento encontram-se descritas nos cento e setenta e três considerandos que precedem os onze capítulos e os noventa e nove artigos que o compõem, de entre os quais se pode retirar, desde logo, que "[o]s princípios e as regras em matéria de proteção das pessoas singulares relativamente ao tratamento dos seus dados pessoais deverão respeitar, independentemente da nacionalidade ou do local de residência dessas pessoas, os seus direitos e liberdades fundamentais, nomeadamente o direito à proteção dos dados pessoais. O presente regulamento tem como objetivo contribuir para a realização de um espaço de liberdade, segurança e justiça e de uma união económica, para o progresso económico e social, a con-

gerados ou tratados no contexto da oferta de serviços de comunicações eletrónicas publicamente disponíveis ou de redes públicas de comunicações e pela Diretiva 2009/136/CE do Parlamento Europeu e do Conselho.

[139] Regulamento UE 2016/679, de 27 de abril de 2016. [Consult. a 22 out. 2019]. Disponível em: https://bit.ly/3652cgM.

solidação e a convergência das economias a um nível do mercado interno e para o bem-estar das pessoas singulares"[140].

Do artigo 3.º do RGPD[141] (de epífrafe «[â]mbito de Aplicação Territorial») retiramos que este Regulamento estende a sua aplicação não apenas aos seus cidadãos, mas a todos os que residam na UE. Note-se que este Regulamento vincula diversas entidades – empresas públicas e privadas, organismos públicos, organizações não governamentais (ONG), fundações, Instituições Particulares de Segurança Social (IPSS), etc. – não estabelecidas no território da UE, embora procedam ao tratamento de dados pessoais

[140] Considerando 2 do RGPD. [Consult. a 22 out. 2019]. Disponível em: https://bit.ly/3652cgM.

[141] Artigo 3.º do RGPD: "1. O presente regulamento aplica-se ao tratamento de dados pessoais efetuado no contexto das atividades de um estabelecimento de um responsável pelo tratamento ou de um subcontratante situado no território da União, independentemente de o tratamento ocorrer dentro ou fora da União. 2. O presente regulamento aplica-se ao tratamento de dados pessoais de titulares residentes no território da União, efetuado por um responsável pelo tratamento ou subcontratante não estabelecido na União, quando as atividades de tratamento estejam relacionadas com: a) A oferta de bens ou serviços a esses titulares de dados na União, independentemente da exigência de os titulares dos dados procederem a um pagamento; b) O controlo do seu comportamento, desde que esse comportamento tenha lugar na União. 3. O presente regulamento aplica-se ao tratamento de dados pessoais por um responsável pelo tratamento estabelecido não na União, mas num lugar em que se aplique o direito de um Estado-Membro por força do direito internacional público". [Consult. a 22 out. 2019]. Disponível em: https://bit.ly/3652cgM.

de residentes da UE. Tendo em conta a temática que tratamos, importa notar que tal aplicação alarga-se também aos equipamentos tecnológicos que possuímos e utilizamos, uma vez que esses equipamentos geram dados pessoais.

Do artigo 4.º do RGPD retiramos algumas das definições interessantes a ter em conta no presente estudo[142]. O RGPD entende a terminologia «dados pessoais» enquanto "informação relativa a uma pessoa singular identificada ou identificável ("titular dos dados"); é considerada identificável uma pessoa singular que possa ser identificada, direta ou indiretamente, em especial por referência a um identificador, como por exemplo, um nome, um número de identificação, dados de localização, identificadores por via eletrónica ou a um ou mais elementos específicos de identidade física, fisiológica, genética, mental, económica, cultural ou social dessa pessoa singular"[143]. «Tratamento», por sua vez, corresponde a "uma operação ou um conjunto de operações efetuadas sobre dados pessoais ou sobre conjuntos de dados pessoais, por meios automatizados ou não

[142] O Manual da Legislação Europeia sobre Proteção de Dados, do cunho da Agência dos Direitos Fundamentais da União Europeia e do Conselho da Europa, publicado em abril de 2014, auxilia este labor. *Vide* Agency for Fundamental Rights and Council of Europe (Strasbourg), *Manual da legislação europeia sobre proteção de dados*. Publications Office, 2014.

[143] N.º 1 do artigo 4.º do RGPD. [Consult. a 22 out. 2019]. Disponível em: https://bit.ly/3652cgM.

automatizados, tais como a recolha, o registo, a organização, a estruturação, a conservação, a adaptação ou alteração, a recuperação, a consulta, a utilização, a divulgação por transmissão, difusão ou qualquer outra forma de disponibilização, a comparação ou interconexão, a limitação, o apagamento ou a destruição"[144]. «Consentimento do titular dos dados» é "uma manifestação de vontade, livre, específica, informada e explícita, pela qual o titular dos dados aceita, mediante declaração ou ato positivo inequívoco, que os dados pessoais que lhe dizem respeito sejam objeto de tratamento"[145].

Quanto aos dados genéticos[146], biométricos[147] e de saúde[148], também enquadrados na lista do artigo 4.º,

[144] N.º 2 do artigo 4.º do RGPD. [Consult. a 22 out. 2019]. Disponível em: https://bit.ly/3652cgM.

[145] N.º 11 do artigo 4.º do RGPD. [Consult. a 22 out. 2019]. Disponível em: https://bit.ly/3652cgM.

[146] "Dados genéticos – os dados pessoais relativos às caraterísticas genéticas, hereditárias ou adquiridas de uma pessoa singular, que deem informações únicas sobre a fisiologia ou a saúde dessa pessoa singular e que resultem designadamente de uma análise de uma amostra biológica proveniente da pessoa singular em causa".

[147] "Dados biométricos – os dados pessoais resultantes de um tratamento técnico específico relativo às características físicas, fisiológicas ou comportamentais de uma pessoa singular que permitam ou confirmem a identificação única dessa pessoa singular, nomeadamente imagens faciais ou dados dactiloscópicos".

[148] "Dados relativos à saúde – os dados pessoais relacionados com a saúde física ou mental de uma pessoa singular, incluindo a prestação de serviços de saúde, que revelem informações sobre o seu estado de saúde".

são considerados "dados sensíveis", sendo, por isso, tratados ao longo do artigo 9.º do RGPD, o qual determina que "[é] proibido o tratamento de dados pessoais que revelem a origem racial ou étnica, as opiniões políticas, as convicções religiosas ou filosóficas, ou a filiação sindical, bem como o tratamento de dados genéticos, dados biométricos para identificar uma pessoa de forma inequívoca, dados relativos à saúde ou dados relativos à vida sexual ou orientação sexual de uma pessoa". Há exceções a esta proibição, referidas na n.º 2 da mesma norma, entre outros, nos seguintes casos: "a) se o titular dos dados tiver dado o seu consentimento explícito para uma ou mais finalidades específicas (...)"; "b) se o tratamento for necessário para efeitos do cumprimento de obrigações e do exercício de direitos específicos do responsável pelo tratamento ou do titular dos dados em matéria de legislação laboral, de segurança social e de proteção social (...)"; "c) se o tratamento for necessário para proteger os interesses vitais do titular dos dados ou de outra pessoa singular, no caso de o titular dos dados estar física ou legalmente incapacitado de dar o seu consentimento"; "d) se o tratamento for efetuado, no âmbito das suas atividades legítimas e mediante garantias adequadas, por uma fundação, associação ou qualquer outra organismo sem fins lucrativos e que prossiga fins políticos, filosóficos, religiosos ou sindicais (...)"; "h) se o tratamento for necessário para efeitos de medicina preventiva ou do trabalho (...)"; "j) se o tratamento for necessário para fins de arquivo de interesse público, para fins de investigação científica ou histórica ou para fins estatísticos (...)". A Diretiva de Proteção de Dados (Diretiva 95/46/CE) qualificava ainda os dados relativos à filiação sindical como dados sensíveis, já que esta informação pode ser um bom indicador da filiação ou das convicções políticas. Por último, a Convenção para a Proteção das Pessoas relativamente ao Tratamento Automatizado de Dados de Caráter Pessoal também considera sensíveis os dados pessoais relativos a condenações penais.

Resultam também do RGPD um conjunto de direitos do titular dos dados que estão consagrados ao longo do seu Capítulo III, e de entre os quais salientamos: o titular dos dados tem direito a obter as finalidades do tratamento a que os dados pessoais se destinam, bem como o fundamento jurídico para o seu tratamento; as categorias dos dados pessoais em questão, os destinatários ou categorias de destinatários dos dados pessoais, se os houver; o prazo de conservação dos dados pessoais ou, se não for possível, os critérios usados para definir esse prazo, o direito de solicitar acesso aos dados pessoais que lhe digam respeito; o direito a exigir a retificação ou o apagamento dos dados pessoais; o direito à limitação do tratamento, se entender que os dados não estão completos ou são inexatos ou se considerar o tratamento ilícito, mas não pretender que os dados sejam apagados, entre outros. Tal enquadramento significa que, independentemente do motivo, o titular dos dados pode intervir, limitando ou até interrompendo o tratamento dos seus dados, se entender que está no seu direito (caso o responsável pelo tratamento não concorde, a autoridade de controlo ou os tribunais resolverão a questão); o direito de receber os dados pessoais que lhe digam respeito e que tenha fornecido a um responsável pelo tratamento, num formato estruturado, de uso corrente e de leitura automática, e o direito de transmitir esses dados a outro responsável pelo tratamento sem que o responsável a quem os dados pessoais foram inicialmente fornecidos o possa impedir. Trata-se do chamado direito de portabilidade, similar a mudar um número de telemóvel de operadora: rescindir com uma operadora e levar os seus dados para outra operadora com quem celebrará um novo contrato, com o mesmo número de telefone, pois esse número é também um dado pessoal; o direito de se opor, a qualquer momento, por motivos relacionados com a sua situação particular, ao tratamento dos dados pessoais, com exceção do caso em que o responsável pelo tratamento apresente razões imperiosas e legítimas para esse tratamento que prevaleçam sobre os interesses, direitos e liberdades do titular dos dados ou para efeitos de declaração, exercício ou defesa de um direito num processo judicial. Mesmo que tenha consentido que os seus dados pessoais fossem tratados para efeitos de comercialização direta, o titular dos dados pode, a qualquer momento, mudar de ideias e ordenar que os seus dados pessoais deixem de ser tratados para esse fim; o titular dos dados tem o direito de não ficar sujeito a nenhuma decisão tomada exclusivamente com base no tratamento automatizado, incluindo a definição de perfis, que produza efeitos na sua esfera jurídica ou que o afete significativamente de forma similar (aqui há exceções que podem ser decorrentes da execução de um contrato ou baseadas num consentimento explícito ou no direito de um Estado-Membro a que o responsável pelo tratamento estiver sujeito); o direito à privacidade (perda, extravio, deturpação, roubo dos danos pessoais, roubo de identidade, etc.) e o direito a ser indemnizado civilmente também estão consignados no RGPD e na lei, tal como em qualquer outro contrato em que uma das partes não cumpre com as suas obrigações. Continuam vigentes (os direitos que já estavam consignados na Diretiva 95/46/CE que o RGPD veio revogar) os direitos de informação, de acesso, de retificação, de oposição, estabelecendo-se o princípio geral da interdição das decisões individuais automatizadas.

Perante a existência de uma sociedade democrática, na senda do *supra* referido, estes direitos não são absolutos e podem estar limitados por medidas legislativas, que visam abarcar, designadamente: a segurança do Estado; a defesa; a segurança pública; a prevenção, a investigação, a deteção ou a repressão de infrações penais ou a execução de sanções penais, incluindo a salvaguarda e a prevenção de ameaças à segurança pública; outros objetivos importantes do interesse público geral da UE ou de um Estado-Membro, nomeadamente um interesse económico ou financeiro importante da UE ou de um Estado-Membro, incluindo nos domínios monetário, orçamental ou fiscal, da saúde pública e da segurança social; a defesa da independência judiciária e dos processos judiciais; a prevenção, a investigação, a deteção e a repressão de violações de deontologia de profissões regulamentadas; uma missão de controlo, de inspeção ou de regulamentação associada, ainda que ocasionalmente, ao exercício da autoridade pública, nos casos referidos nas alíneas a) a e) e g); a defesa do titular dos dados ou dos direitos e liberdades de outrem; e a execução de ações cíveis[149].

1.2.2.2. A Diretiva 2016/680 do Parlamento Europeu e do Conselho, de 27 de abril de 2016: algumas notas

É globalmente reconhecido que o aumento exponencial dos fluxos transfronteiriços oriundos da integração económica e social, resultante do funcionamento do mercado interno da União Europeia, intensificou a partilha de dados pessoais dos cidadãos entre os intervenientes públicos e privados, obtendo a *Big Data* renovada legitimidade no espaço público e político europeu. Assim, no sentido de controlar a mobilidade de indivíduos e populações «suspeitas», e visando, por conseguinte, o combate à imigração

149 Artigo 23.º do RGPD. [Consult. a 22 out. 2019]. Disponível em: https://bit.ly/3652cgM.

ilegal, ao terrorismo e à criminalidade organizada, reacendeu-se nas agendas políticas a necessidade de aprofundar a cooperação transfronteiriça de natureza judiciária e policial. Este panorama levou a que as autoridades nacionais dos Estados-membros da União Europeia, em face do interesse geral da segurança e investigação criminal, fossem chamadas a colaborar e a trocar esses dados entre si, tomando em linha de conta, desde logo, que as novas tecnologias devem contribuir para facilitar a livre circulação dos mesmos na União, assim como a sua transferência para países terceiros e organizações organizacionais, veiculada pela celebração de acordos, devendo-lhes ser simultaneamente assegurado um nível elevado de proteção, tendo em consideração a natureza dos direitos envolvidos.

O regime de proteção de dados pessoais que constava, como vimos, da Diretiva 95/46/CE do Parlamento Europeu e do Conselho, não se aplicava ao tratamento de dados pessoais *no exercício de atividades não sujeitas à aplicação do direito comunitário*, como era o caso das atividades realizadas no âmbito da cooperação judiciária em matéria penal e da cooperação policial, diploma revogado, conforme notamos, pelo RGPD. Por seu turno, o âmbito de aplicação da Decisão-Quadro 2008/977/JAI do Conselho, aplicável no domínio da cooperação judiciária em matéria penal e da cooperação policial, limitava-se ao tratamento de dados pessoais transmitidos ou disponibilizados entre Estados-Membros. Quedavam, pois, por acautelar os dados pessoais que fossem disponibilizados no âmbito da cooperação judiciária em matéria penal e da cooperação judicial entre Estados que não fizessem parte do espaço europeu.

O regime jurídico da Diretiva 95/46/CE, do Parlamento Europeu e do Conselho, reconhecendo que os fluxos transnacionais de dados são necessários ao desenvolvimento do comércio internacional, prometia uma garantia: a de que o país de destino assegurasse um nível de proteção adequado. Ora, na senda de desobstaculizar as relações comerciais, a Comissão Europeia (CE) e os EUA, através da Decisão 2000/520 combinaram, por meio do acordo *Safe Harbor*, um conjunto de premissas, cujo cumprimento validava a transferência de dados pessoais para as entidades norte-americanas. Todavia, na sequência de uma queixa apresentada ao TJUE, pelo cidadão austríaco M. Schrems, à autoridade nacional de proteção de dados Irlandesa, na qual aduzia que o *Facebook Ireland* não podia transferir os dados pessoais dos seus utilizadores residentes na UE, para o *Facebook Inc.*, nos EUA, visto o direito e as práticas daquele país não garantirem as exigências do artigo 25.º da então Diretiva em vigor, o TJUE, em 6 de outubro de 2015, veio declarar a invalidade da Decisão, que vigorava há quinze anos. Neste aresto, o Tribunal entendeu existir uma ingerência injustificada nos direitos previstos nos artigos 7.º e 8.º da CDFUE, perante o facto do *Safe Harbor* permitir às entidades dos EUA vilipendiarem determinados princípios, entre eles, o nível adequado de proteção, permitindo um acesso e conservação de dados indiscriminado às autoridades norte americanas.

Hodiernamente, a Diretiva (UE) 2016/680 do Parlamento Europeu e do Conselho, de 27 de abril de 2016, que veio revogar a Decisão-Quadro 2008/977/JAI[150], resolveu este hiato, estabelecendo as regras relativas à proteção de pessoas singulares no que diz respeito ao tratamento de dados pessoais pelas autoridades competentes para efeitos de prevenção, investigação, deteção ou repressão de infrações penais ou execução de sanções penais, incluindo a salvaguarda e prevenção de ameaças à segurança pública. Tal deve-se ao facto de a livre circulação de dados pessoais entre as autoridades competentes para efeitos de prevenção, investigação, deteção ou repressão de infrações penais ou execução de sanções penais, incluindo a salvaguarda e a prevenção de ameaças à segurança pública a nível da União, e a sua transferência para países terceiros e organizações internacionais deverão ser facilitadas, assegurando simultaneamente um elevado nível de proteção dos dados pessoais.

In fine, é de referir que neste campo, findos de cinco anos de controvérsia, foi criado um sistema de recolha e análise dos dados pessoais dos passageiros que embarquem em voos comerciais de entrada ou saída do espaço da União Europeia, denominado

150 [Consult. a 22 out. 2019]. Disponível em: https://bit.ly/2WawsT3.

registo de identificação de passageiros aéreos ou PNR (nome, número de passaporte, morada, telefone, número de cartão de crédito, bagagem, número do assento, preferências de refeição, itinerário)[151], tendo como objetivo a prevenção, deteção, investigação e repressão das infrações terroristas ou da criminalidade grave, cujo regime atual consta da Diretiva (UE) 2016/681 do Parlamento Europeu e do Conselho, de 27 de abril de 2016.

1.3. A privacidade no contexto nacional

A privacidade e a proteção de dados no panorama jurídico português são também uma preocupação severa do nosso legislador, estando plasmada em diversos diplomas.

No âmbito da nossa Constituição, o direito à privacidade é consagrado como direito fundamental na norma do artigo 26.º, n.º1, que tutela o direito à reserva da intimidade da vida privada. No corpo textual que lhe foi dado pela revisão constitucional de 1997, abarca, entre outros direitos de personalidade, os "direitos à identidade pessoal, ao desenvolvimento da personalidade, à capacidade civil, à cidadania, ao bom nome e reputação, à imagem, à palavra, à

[151] Vide, quando a este tema, LOUREIRO, F., "A pós-verdade e a reconfiguração da tensão dialética do direito processual penal". *In O Alcance dos Direitos Humanos nos Estados Lusófonos.* 1.ª ed.. Santa Cruz do Sul: EDUNISC, 2017. [Consult. a 28 out. 2019]. Disponível em: https://bit.ly/36evQjJ.

reserva da intimidade da vida privada e familiar e à proteção legal contra quaisquer formas de discriminação". Neste conspecto, enuncia o estabelecimento de garantias efetivas contra a utilização abusiva ou contrária à dignidade humana, de toda a informação relativa às pessoas e às famílias. O direito à privacidade encontra-se também reconhecido no artigo 35.º da CRP, norma contempladora do direito à autodeterminação informativa, corolário que assume uma dimensão de proteção da intimidade da vida privada perante o tratamento e utilização de dados informáticos. Do texto do artigo em questão, notamos que o mesmo confere ao indivíduo o direito de negar informação pessoal e de se opor à sua recolha, difusão, ou qualquer outro modo de tratamento. Prevê direitos e garantias para os titulares de dados pessoais e cria obrigações para os responsáveis pela sua recolha e tratamento, no que se refere à qualidade e segurança da informação, assim como às condições em que estes dados podem ser utilizados. A Constituição estabelece ainda o artigo 34.º, que tutela o direito à reserva da intimidade da vida privada, protegendo a inviolabilidade do sigilo da correspondência e dos outros meios de comunicação privada, proibindo toda a ingerência das autoridades públicas nas telecomunicações e nos demais meios de comunicação, salvo os casos previstos na lei em processo criminal. Ainda no texto da norma fundamental encontramos o n.º 8 do artigo 32.º que, no âmbito das garantias do processo criminal, considera nulas todas as provas obtidas mediante abusiva intromissão na vida privada, no domicílio, na correspondência ou nas telecomunicações. A incorporação desta matéria no Título II da Constituição, relativo aos direitos, liberdades e garantias, subordina-o ao regime especial desses direitos fundamentais, particularidade significativa em matéria de restrições, além, naturalmente, de lhes ser aplicado o regime geral dos direitos fundamentais.

Outras áreas do panorama jurídico português onde o tema ganhar relevo são o Direito Penal, *inter alia* o artigo 193.º do Código Penal (CP), relativo à devassa por meio informático, e o Direito Civil, no qual o Código Civil (CC) inclui o direito à reserva sobre a intimidade da vida privada entre os denominados «direitos de personalidade» (artigos 70.º a 80.º do CC).

No âmbito da legislação ordinária, encontramos a Lei n.º 41/2004, de 18 de agosto, relativa ao tratamento de dados pessoais e à proteção da privacidade no setor das comunicações eletrónicas, alterada pela Lei n.º 46/2012, de 29 de agosto; a Lei n.º 32/2008, de 17 de julho, relativa à conservação de dados gerados ou tratados no contexto da oferta de serviços de comunicações eletrónicas publicamente disponíveis ou de redes públicas de comunicações; a Lei n.º 34/2009, de 14 de julho, estabelece o regime jurídico aplicável ao tratamento de dados referentes ao sistema judicial; a Lei n.º 109/2009, de 15 de setembro, a Lei do Cibercrime; a Lei n.º 37/2015, de 5 de maio, estabelece os princípios gerais que regem a organização e o funcionamento da identificação criminal; e a Lei n.º 67/98, de 26 de outubro, aprova a Lei da Proteção de Dados Pessoais, entretanto revogada pela Lei n.º 58/2019, de 08 de agosto.

1.4. Da privacidade e da proteção de dados pessoais enquanto limites à investigação criminal

Na temática que nos ocupa, o equilíbrio conflitual entre as liberdades individuais e os poderes do Estado passa pela harmonização da autodeterminação informacional, daí a sua enunciação tão cerrada nos textos que supra apontamos. Neste desiderato, o TJUE já teve oportunidade de se pronunciar quanto à matéria em análise, reafirmando o relevo da privacidade numa era marcada por desenvolvimentos tecnológicos sem equiparação e que colocam novos desafios sobre a monitorização da sociedade.

O acórdão *Promusicae*, de 29 de janeiro de 2008 (C-275/06), relativo ao acesso à prova digital[152], refere que o direito comunitário exige que os Estados zelem por uma interpretação das normas que permita assegurar o justo equilíbrio entre os direitos fundamentais protegidos pela ordem jurídica comunitária, pelo que, na "execução das medidas de transposição dessas diretivas, compete às autoridades e aos órgãos jurisdicionais dos Estados-Membros não só interpretar o seu direito nacional em conformidade com essas

[152] [Consult. a 22 out. 2019]. Disponível em: https://bit.ly/2pacb3V.

mesmas diretivas mas também seguir uma interpretação destas que não entre em conflito com os referidos direitos fundamentais ou com outros princípios gerais do direito comunitário, como o princípio da proporcionalidade".

No Acórdão de 8 de abril de 2014 (C-293/12 e C-594/12), *Digital Rights Ireland e Seitlinger e o.*[153], o Tribunal entende que os dados de tráfego, considerados no seu todo, permitem retirar conclusões muito precisas relativamente à vida privada das pessoas cujos dados foram conservados, como os hábitos da vida quotidiana, os locais em que se encontram de forma permanente ou temporária, as deslocações diárias ou outras, as atividades exercidas, as relações sociais e os meios sociais frequentados. Por conseguinte, a ingerência nos direitos fundamentais garantidos pelos artigos 7.º (respeito pela vida privada e familiar) e 8.º (proteção de dados pessoais) da Carta "[...] é de grande amplitude e deve ser considerada particularmente grave [...], pelo que, para o tribunal, essencial é "analisar a proporcionalidade da ingerência observada". Até porque, "no caso vertente, tendo em conta, por um lado, o importante papel desempenhado pela proteção de dados pessoais na perspetiva do direito fundamental ao respeito pela vida privada e, por outro, a amplitude e a gravidade da ingerência neste direito [...], o poder de apreciação do legislador da União é reduzido, havendo que proceder a uma fiscalização estrita".

153 [Consult. a 22 out. 2019]. Disponível em: https://bit.ly/2WaFbED.

"No que respeita ao caráter necessário da conservação dos dados [...], cabe observar que é verdade que a luta contra a criminalidade grave [...] assume particular importância para garantir a segurança pública e a sua eficácia pode depender em larga medida da utilização das técnicas modernas de investigação. [...] No entanto, tal objetivo de interesse geral, por mais fundamental que seja, não pode, por si só, justificar que uma medida de conservação [...] seja considerada necessária para efeitos da referida luta". "Impõe-se pois concluir que esta diretiva comporta uma ingerência nestes direitos fundamentais [os previstos nos artigos 7.º e 8.º da Carta] de grande amplitude e particular gravidade na ordem jurídica da União, sem que essa ingerência seja enquadrada com precisão por disposições que permitam garantir que a mesma se limita efetivamente ao estritamente necessário":

Na mesma linha, no Acórdão *Schrems*, de 6 de outubro de 2015 (C-362/14)[154], o Tribunal reitera que: "[n]o que respeita ao nível de proteção das liberdades e direitos fundamentais garantido dentro da União, uma regulamentação dessa proteção que implique uma ingerência nos direitos fundamentais garantidos pelos artigos 7.º e 8.º da Carte deve, segundo a jurisprudência constante do Tribunal de Justiça, estabelecer regras claras e precisas que regulem o âmbito e a aplicação de uma medida e imponham exigências mínimas, de modo a que as pessoas cujos dados

[154] [Consult. a 22 out. 2019]. Disponível em: https://bit.ly/32MdhSa.

pessoais estejam em causa disponham de garantias suficientes que permitam proteger eficazmente os seus dados contra os riscos de abuso e contra qualquer acesso e qualquer utilização ilícita desses dados. A necessidade de dispor destas garantias é ainda mais importante quando os dados pessoais sejam sujeitos a tratamento automático e exista um risco significativo de acesso ilícito aos mesmos". O mais importante a retirar deste caso é a confirmação de que o TJUE não exceciona a proporcionalidade, necessidade e adequação de ingerências a direitos fundamentais, como o respeito pela vida privada (art. 7.º, da Carta dos Direitos Fundamentais da União Europeia, "CDFUE"), e o direito à proteção dos dados pessoais, (art. 8º, da CDFUE), no que tange, designadamente, aos objetivos de investigação criminal, luta contra o terrorismo e de proteção da segurança nacional.

No referente a Portugal, a Lei n.º 32/2008, de 17 de julho, relativa à conservação de dados gerados ou tratados no contexto da oferta de serviços de comunicações eletrónicas publicamente disponíveis ou de redes públicas de comunicações, procedeu a uma transposição razoável, visto os limites constitucionais, designadamente as normas do n.º 2 do artigo 18.º, n.º 4 do artigo 34.º e n.º 2 do artigo 35.º, haverem sido enquadrados, tanto na definição de "crimes graves" (artigo 2.º, n.º 2, alínea g)), como nos prazos de conservação (artigo 6.º) e nas garantias processuais (artigo 9.º), orientação mantida na Lei do Cibercrime (artigo 11.º, n.º2).

In suma, tendo por *leitmotif* o princípio da proporcionalidade, o TJUE não poupou esforços na consideração da proteção de dados pessoais, de todos, quer suspeitos, quer arguidos, pelo que as ações de prevenção, de investigação criminal e a atuação dos tribunais apenas estão legitimadas se tiverem como finalidade e decorrerem do quadro dos Direitos Fundamentais. Há, portanto, um reforço da ideia de que a tendência será o reforço da proteção e o reconhecimento da importância da privacidade, num tempo de progressiva digitalização das nossas vidas, em que o Estado dispõe de uma ampla gama de mecanismos tecnológicos para monitorizar os cidadãos, pressionado pelo combate à criminalidade organizada e ao terrorismo.

2. O policiamento preditivo: uma história de intuição tecnológica

2.1. Da análise reativa à análise preditiva

A última década presenciou a interseção de dois grandes desenvolvimentos estruturais: a proliferação da vigilância da vida quotidiana[155] a par da ascensão da *Big Data*[156]. Emblemático para a expansão da vigilância foi também o crescimento do setor da justiça

155 *Vide* LYON, D., *In Surveillance as Social Sorting: Privacy, Risk and Automated Discrimination*.. p. 13.

156 *Vide supra*, Capítulo I

criminal[157], campo onde as preocupações crescentes relativas à segurança nacional, mormente desencadeadas pelos ataques terroristas na Europa e nos EUA, levaram a aplicações cada vez mais ambiciosas das novas tecnologias[158], estimulando o desenvolvimento do «policiamento inteligente»[159]. A mudança da vigilância tradicional para a vigilância BD está associada à transferência das operações de investigação criminal para as atividades inteligentes. A distinção básica entre a investigação criminal tradicional e a investigação inteligente é a seguinte: a primeira normalmente envolve-se logo que o facto criminoso ocorre, pois, de um ponto de vista normativo, os órgãos de polícia criminal não podem empreender uma busca e a correspondente recolha de dados pessoais até que existam suspeitas fundadas. A investigação inteligente, por contraste, é fundamentalmente preditiva. As atividades de inteligência envolvem a

157 *Vide* WAKEFIELD, S., UGGEN, C., "Incarceration and Stratification". *In Annual Review of Sociology*. Vol. 36, n.º 1 (2010). pp. 387–406. pp. 389 e ss.

158 *Vide* EUROPA, Conselho da, *Algorithms and Human Rights. Study on the human rights dimensions of automated data processing techniques and possible regulatory implications* [Em linha]. (2018) [Consult. a 22 out. 2019]. Disponível em: https://bit.ly/2mFIcja. p. 10.

159 A título demonstrativo, após a série de ataques terroristas nos EUA e na Europa, os Estados solicitaram às plataformas de redes sociais o uso dos seus algoritmos para identificar possíveis terroristas e tomar medidas em conformidade, estando algumas dessas plataformas a usar algoritmos para identificar contas que geram conteúdo extremista. *Vide* EUROPA, Conselho da, *op. cit.*. pp. 10 e ss.

recolha de dados; identificação de padrões suspeitos, locais, atividade, e indivíduos; e intervêm preventivamente com base na inteligência adquirida[160].

No campo da prevenção criminal, os principais debates políticos, académicos e sociais sobre o uso de algoritmos estão relacionados com policiamento preditivo[161], abordagem acerca da capacidade dos seres humanos tirarem conclusões de ofensas passadas para prever possíveis padrões futuros de crime[162]. Conforme referido no Capítulo I, durante a década de 1980, foram desenhadas diferentes técnicas de *data mining, machine learning, neural networks* e *intelligent agents* para elaborarem classificações, previsões e criações de perfis de comportamento humano, no sentido de monitorizar e dissuadir a criminalidade. Da aplicação prática das mesmas quedou demonstrado que a análise automatizada das tendências do crime e dos padrões de comportamento de criminosos, sem que seja necessária a constante intervenção de seres humanos, é viável. De facto, muito embora o recurso aos algoritmos resida na substituição da tomada de decisão humana por decisões automatizadas, nesta parte destacaremos uma modalidade na qual os seres humanos permanecem integrais ao processo analítico. Por conseguinte, no policiamento preditivo utilizam-se sistemas automáticos que prevêem quais os indivíduos que provavelmente

[160] *Vide* BRAYNE, S., *op. cit.*, p.986.

[161] *Ibid.*. p. 977.

[162] *Vide* EUROPA, Conselho da, *op. et loc. cit.*.

se envolverão num crime, incluindo modelos destinados a prever onde o crime provavelmente ocorrerá num determinado momento, tempo que é usado para priorizar o tempo da polícia para investigações e detenções[163].

Historicamente, o policiamento era principalmente reativo. No início dos anos 80, diante da constatação de que as estratégias reativas eram ineficazes na redução do crime, houve uma mudança de paradigma na direção de estratégias de policiamento mais proativas e orientadas para o problema, incluindo o policiamento por pontos. Hoje, a análise preditiva é usada para uma vasta gama de atividades relacionadas com a justiça criminal, incluindo algoritmos que predizem quando e onde futuros crimes são mais prováveis de ocorrer, modelos de rede que predizem os indivíduos com maior probabilidade de estarem envolvidos em violência armada e modelos de risco que identificam os agentes da polícia mais suscetíveis de se envolverem em comportamentos de risco[164].

A recolha de dados pela alta frequência da BD proporcionou uma transformação fundamental nas atividades da vigilância «tradicional», que foi a alteração dos típicos sistemas de consulta para os sistemas de alerta. Por "sistemas de consulta" entendem-se os

[163] *Ibid.*, p. 11.

[164] Aliás, uma razão relacionada, mas distinta, pela qual os OPC contestam o policiamento preditivo é por acreditarem que os coloca sob maior vigilância. *Vide* BRAYNE, S., *op. et loc. cit.*.

bancos de dados nos quais os utilizadores submetem solicitações de informações na forma de «pesquisa»[165]. Nos sistemas de alertas, por outro lado, os utilizadores recebem notificações em tempo real quando os dados apresentam certas variáveis ou configurações de variáveis[166]. Ainda assim, os sistemas de pesquisa tradicional não deixaram, contudo, de ser caraterísticas essenciais de informação, pois os sistemas de alertas estão a complementar, ao invés de substituir, os sistemas baseados em consulta. Uma das características fundamentais desta relação sistémica é que as próprias consultas estão-se a tornar novos dados: quando o nome de um determinado indivíduo é pesquisado no sistema de dados nacional, é possível saber-se o número de vezes que o nome foi consultado por outras pessoas, o que indicia que o mesmo já terá levantado suspeitas noutras situações. Por outras palavras, em sistemas de BD, as consultas podem servir como "*proxies* quantificados para desconfiança"[167].

[165] Um exemplo de uma consulta vulgar é quando um agente policial pesquisa uma matrícula automóvel durante uma paragem de trânsito.

[166] Por exemplo, na eminência de uma busca domiciliária, é possível desenhar-se uma «cerca» ao redor da área em questão e receber notificações, em tempo real, acerca de potenciais riscos. *Vide* BRAYNE, S., *op. et loc. cit.*.

[167] *Vide* BRAYNE, S., *op. cit.*, p. 992.

2.2. A quantificação do risco criminal

Outra mudança na prática policial é a quantificação de civis de acordo com o risco[168]. O conhecimento quantificado está a complementar o conhecimento empírico dos OPC através da implementação de um sistema de pontos.

Nesta senda, são elaborados modelos baseados em locais e infratores. Tomemos por exemplo uma população de baixos rendimentos, considerada um local de alta criminalidade: considerando-se que uma pequena percentagem de criminosos de alto impacto é desproporcionalmente responsável pela maioria dos crimes violentos, identificar e focar os recursos policiais nos indivíduos mais quantificados poderá ser um meio eficiente para reduzir o crime. Outra estratégia pode antes passar por diminuir um determinado tipo de crime em concreto. Começa-se por identificar um crime problemático, e, de seguida, gera-se uma lista de ofensores «crónicos», a partir dos dados recolhidos em sede de patrulha, nomeadamente nome, endereço, caraterísticas físicas, informações de veículos, associações a grupos criminosos, contraordenações rodoviárias, relatórios criminais, entre outros, sendo atribuído a cada um valor pontual e dada uma classi-

[168] A denominada «avaliação de risco» corresponde a uma "tentativa de identificar a probabilidade com que um dado indivíduo vai-se envolver num específico comportamento antissocial dentro um período definido". *Vide* HENNING, K., LABRECQUE, R., "Risk Assessment in Criminal Justice". Salem, O.R.: Portland State University, 2017. p. 5.

ficação numérica de acordo com esse valor: cada indivíduo recebe cinco pontos por uma história criminal violenta, cinco pontos por afiliação a grupos criminosos, cinco pontos para penas de prisão anteriores por porte de arma e cinco pontos se estiverem em liberdade condicional. Acresce que é ainda atribuído um ponto para cada mera abordagem policial.

Pequenos excertos de dados, que podem parecer insuspeitos no momento da recolha, podem eventualmente ser reunidos para criar inteligência útil, pois a soma de todas as informações pode vir a compilar o que é necessário. As entidades adquirem, deste modo, um incentivo para inserir esses dados no sistema, pois os dados podem vir a ser conectados no futuro. Destarte, o sistema de pontos gera uma rotatividade perante a qual as abordagens policiais tanto são a causa como a consequência dos valores das pontuações altas. Um indivíduo com valores elevados é preditivo do futuro contacto policial, e esse mesmo contacto policial aumenta ainda mais o valor[169].

As ferramentas de vigilância *dragnet*, tais como leitores automáticos de matrícula automóvel, representam um forte instrumento promovedor da proliferação da vigilância em massa. Sendo possível recolher dados anteriores ao facto criminoso, dos mesmos podem ser estabelecidas conexões sempre que se encontre uma suspeita. A natureza retroativa do policiamento numa era de recolha de dados

[169] *Vide* BRAYNE, S., *op. cit.*, p. 987.

dragnet significa que a informação é acumulada de forma rotineira e que as atividades diárias, agora codificadas como dados, podem ser empacotadas como prova *ex post* do facto. Logo, a proliferação das ferramentas de «vigilância pré-mandado» também cria novas oportunidades para a construção de uma base probatória separada para uma investigação criminal no sentido de esconder como a investigação iniciou, no caso de estar envolvida vigilância sem autorização judicial ou outra prova inadmissível[170].

2.3. Que futuro para a "constituição como suspeito" à nascença?

2.3.1. Do contacto policial

Como vimos, os valores da pontuação da quantificação do risco individual criminal derivam em larga medida do mero contacto policial, pelo que surge uma questão importante a extremar: que motivos podem presidir à decisão de se proceder a esta abordagem policial? Como vimos, na investigação inteligente, não se exige qualquer consentimento ou mandado judiciário para a recolha de dados pessoais. No fundo, a questão que esta parte coloca é saber se um cidadão pode ser abordado num local público ou sujeito a vigilância policial, ato fundamentado nas suspeitas derivadas de indícios recolhidos por BD, isto é, da

170 *Ibid.*. p. 1001.

agregação de informações específicas e individualizadas, que não apenas criminais, e recolhidas sem os vulgares óbices normativos atinentes à proteção de direitos fundamentais.

Vide, ser identificado por um algoritmo como um eventual criminoso pode constituir uma suspeita fundada? Em geral, a polícia desenvolve a suspeição com base em informações que conhece ou atividades que observa, suspeita que é individualizada para uma pessoa em particular e para um determinado local. Os casos de suspeita ditos «normais» envolvem a polícia a confrontar suspeitos desconhecidos envolvidos em atividades suspeitas observáveis[171]. Da doutrina norteamericana retiramos que a «suspeita razoável» é ancorada por «*small data*» – factos discretos, informações limitadas e pouco conhecimento sobre o suspeito[172]. Mas o que acontece quando a

[171] "As fundadas suspeitas incidem sobre razões conhecidas ou de facto observadas pelo agente e não apenas estribadas no local onde o identificado se encontra, ainda que esse local seja identificado como um local sensível" *Vide* ISIDORO, A., "Ninguém pode ser identificado só por estar em zona de risco". *In Diário de Notícias* (2018). [Consult. a 22 out. 2019]. Disponível em: https://bit.ly/30I2kiF.

[172] A *small data*, tal como a *Big Data*, não tem uma definição precisa. Geralmente, os pequenos dados são encarados como a resposta para questões discretas, a partir de dados limitados e estruturados, dados esses geralmente controlados por uma instituição. *Vide*, amplamente, BERMAN, J., *Principles of big data: preparing, sharing, and analyzing complex information*. Amsterdam: Elsevier, Morgan Kaufmann, 2013. pp. 1 e 2."source":"Library of Congress ISBN","event-place":"Amsterdam","call-number":"QA76.9.D32 B47 2013","author":[{"family":"BERMAN","given":"Jules J."}],"issued":{"date-parts":[[

small data é substituída por *Big Data*?[173] E se a polícia tomar conhecimento de informações pessoais sobre um suspeito pesquisando vastas fontes de informação em rede?[174]

A ascensão das grandes tecnologias de dados oferece um desafio ao paradigma tradicional das «fundadas suspeitas». Com um esforço singelo, a polícia pode agora identificar suspeitos até então desconhecidos, não através das suas observações, mas acedendo a uma vasta rede de informações pessoais. Novas fontes de dados, incluindo bancos de dados policiais, registos de terceiros e análises de indicadores preditivos, combinadas com *software* de reconhecimento biométrico ou facial, permitem aos agentes aceder a informações com apenas algumas consultas de pesquisa. Em algum momento, como vimos no ponto

“2013”]]}},”locator”:”1 e 2”,”prefix”:”A \”small data\”, tal como a \”Big Data\”, não tem uma definição precisa. Geralmente, os pequenos dados são encarados como a resposta para questões discretas, a partir de dados limitados e estruturados, dados esses geralmente controlados por uma instituição. Vide, amplamente, “}],”schema”:”https://github.com/citation-style-language/schema/raw/master/csl-citation.json”}

[173] *Vide* COHEN, J.,”What Privacy is For?” *In Harvard Law Review* [Em linha]. Vol. 126 (2013) [Consult. a 22 out. 2019]. Disponível em: https://bit.ly/2ZINoRM.

[174] Vale a pena notar uma ressalva: determinadas decisões judiciais do Supremo Tribunal estadunidense já contribuem para a proliferação deste tipo de práticas. Tecnicamente, a Quarta Emenda à Constituição dos Estados Unidos volve ilegais as buscas e apreensões na ausência de uma «causa provável». No entanto, na prática, decisões como *Terry v. Ohio* e *Whren v. Estados Unidos* tornaram facilitaram a manutenção desta barreira.

atrás, as interferências desses dados pessoais suficientemente individualizadas e preditivas justificam o aparecimento de uma suspeita. Por exemplo, suponhamos que está a decorrer uma investigação a uma série de assaltos numa determinada área. Submetidas fotografias de anteriores detidos no *hardware* dos carros-patrulha, o respetivo *software* de reconhecimento facial digitaliza-as. Repentinamente, há uma correspondência – o OPC reconhece um insigne ladrão que, por acaso, frequenta ocasionalmente o local em questão. As informações pessoais deste suspeito aparecem na tela do computador do carro-patrulha – detenções e condenações anteriores por roubo, e uma lista de cúmplices também outrora envolvidos em roubos[175]. O OPC decide então pesquisar fontes adicionais de dados desses terceiros, nas quais se podem incluir dados de GPS e informações de localização nas últimas seis horas. A polícia dispõe agora de suspeitas particulares e individualizadas acerca de indivíduos que não estavam a fazer nada de declaradamente criminoso. Terá, porventura, o *software* identificado, nas redes sociais do suspeito, comentários ou outras publicações na Internet que sugerem planos

[175] Para um mero exemplo do fantástico *status quo* dos avanços tecnológicos no campo do policiamento, *vide* PrivacySOS.org, "Cop Car with Built-In Face Recognition and Predictive Policing Wins UK Award". *In PrivacySOS* [Consult. a 22 out. 2019]. Disponível em: https://bit.ly/2odZvsk.

criminosos?[176] Esta agregação de informações individualizadas pode ser suficiente para justificar a interferência na liberdade constitucional de uma pessoa?

2.2.1. O enunciado da questão: a suspeita fundada

O artigo 250.º do CPP refere que os OPC podem proceder à identificação "[...] de qualquer pessoa encontrada em lugar público, aberto ao público ou sujeito a vigilância policial, sempre que sobre ela recaiam fundadas suspeitas da prática de crimes [...]"[177]. O poder de proceder a identificação de suspeito em lugar público, aberto ao público ou sujeito a vigilância policial é, pois, um dos poderes cautelares do órgão de polícia criminal[178], e, apesar de ser exercido numa fase pré-processual, tem natureza processual, isto é, preordenada aos fins do processo a instaurar ou já instaurado[179].

176 *Vide* HEATHER, K., "Police Embrace Social Media as Crime-Fighting Tool". *In CNN Business* [Consult. A 22 out. 2019]. Disponível em: https://cnn.it/2AKuijg.

177 A versão anterior à Lei n.º 59/98, que previa a identificação coativa de todas as pessoas que se encontrassem em "lugares abertos ao público habitualmente frequentados por delinquentes", previa uma natureza estritamente preventiva. *Vide* RODRIGUES, A., "O Inquérito no Novo Código de Processo Penal". *In Jornadas de Direito Processual Penal. O Novo Código de Processo Penal.* Coimbra: Almedina, pp. 59 a 79. pp. 71 e 72.

178 *Ibid.*.

179 *Ibid.*.

Para efeitos do disposto no CPP, o «suspeito» é " [...] toda a pessoa relativamente à qual exista indício de que cometeu ou se prepara para cometer um crime, ou que nele participou ou se prepara para participar"[180]. Por sua vez, nos termos da norma do artigo 250.º do CPP, o indivíduo eventualmente a identificar deve ser uma pessoa em relação à qual haja fundadas suspeitas da prática de crimes, da pendência de processo de extradição ou expulsão, de que tenha penetrado ou permaneça irregularmente no território nacional ou haver contra si mandado de detenção. Dito por outro modo, a pessoa visada pela ordem de identificação deve ser um suspeito[181].

Ora, apesar da aplicação comum do termo «fundadas suspeitas», consideramos honestamente os seus contornos algo ambíguos, pelo que resulta útil para a matéria que se aborda apontar algumas considerações. Em primeiro lugar, a lei exige tão-só a existência de "indício", no singular[182], para a formulação de juízo de "suspeita", do que resulta que para este indício não é sequer necessária a existência de um *quantum* de prova[183]. Em segundo lugar, a própria letra legislativa apoiar-nos-á este raciocínio: nenhuma diferença existe entre o crivo dos "indícios" e o crivo dos

[180] *Vide* alínea g) do artigo 1.º do CPP.

[181] *Vide* ALBUQUERQUE, P., *Comentário do Código de Processo Penal à luz da Constituição da República e da Convenção Europeia dos Direitos do Homem*- 4.ª ed.. Lisboa: Universidade Católica Editora, 2019. p. 689.

[182] *Vide* artigo 1.º, n.º 1, alínea e, do CPP.

[183] *Vide* ALBUQUERQUE, P., *op. cit.*, p. 348.

"indícios fundados", nem entre o crivo da "suspeita" e o crivo das "suspeitas fundadas"[184]. Como deriva dos n.ºs 1 e 2 do artigo 59.º do CPP, é o próprio legislador que vem equiparar a "suspeita" e a "suspeita fundada". Com efeito, o n.º 2 da norma referida refere simplesmente a "suspeita" enquanto requisito do direito de requerer a constituição como arguido[185].

A suspeita fundada, correspondente à *bona fide suspicion* ou *Anfangsverdacht*[186], não pode, de todo o modo, ser uma suspeita qualquer: perante o pendor restritivo da mesma, deve obviamente ser fundada, no sentido de ser alicerçada, fundamentada[187]. Aliás, consideramos o adjetivo «fundado» até algo supérfluo à letra da lei, pois a sua *ratio* não perderia o sentido se o mesmo omisso estivesse: deve toda e qualquer decisão atinente à indiciação, à suspeição e imputação ser racional e razoável, baseada em razões e fundamentos. *Vide*, só pode haver "suspeita" da prática de um crime quando ela for uma "suspeita fundada"[188], como o são, de resto, todos os momentos preordenados aos fins processuais, conforme *supra* enunciado e conforme é o caso. Nota importante é ainda a de que essa suspeita deve ser baseada em motivações

[184] A lei equipara expressamente "indícios" e "suspeitas" (artigo 1.º, alínea e)).

[185] *Vide* ALBUQUERQUE, P., *op. cit.*, p. 346.

[186] *Ibid.*.

[187] Quanto ao significado de «fundar», vide GUEDES, F., VAZA, A., *op. cit.*, p. 538.

[188] *Vide*, na mesma opinião, ALBUQUERQUE, P., *op. cit.*, p. 346.

lógicas, baseados numa máxima de experiência ou numa lei científica, que sustentem a convicção da probabilidade da verificação de um facto[189]. Ou seja, e dito de outro modo, os factos não podem ter natureza subjetiva.

Partimos do princípio óbvio de que esta tipologia de grau de padrão da suspeita existe para que se exija que os OPC articulem sabiamente a decisão de abordar um determinado indivíduo, o que permite a obstaculização de contactos arbitrários, baseadas no *animus* do agente ou nos objetivos quantificados a atingir no âmbito da respetiva função laboral. Ora, além do apontado anteriormente, mas também *infra*, quanto à inegável imperfeição dos algoritmos obtidos pelos resultados da BD, sabemos que as decisões resultantes das suas análises são inevitavelmente formatadas pelo Mundo como era no passado, ou, na melhor das hipóteses, como é neste preciso momento[190]. Alimentados por um grande número de dados sobre experiências passadas, os algoritmos poderiam prever o desenvolvimento futuro se o futuro fosse semelhante ao passado. Não o sendo, pois a dinâmica dos sistemas do futuro não é um processo estacionário, o passado diz-nos muito pouco nesta sede. Ora, o adjetivo «fundado» aponta-nos para algo com fundamento, que está consolidado, que é

189 *Vide* ALBUQUERQUE, P., *op. cit.*, p. 348.

190 *Vide* HILBERT, M., "Big Data for Development: From Information - to Knowledge Societies". *In SSRN Electronic Journal* (2013) [Em linha]. [Consult. a 22 out. 2019]. Disponível em: https://bit.ly/339B4et. p. 30.

razoável, pelo que não deixa de ser curioso questionar-mo-nos se o exercício de adivinhação quando estamos a falar de remexer em direitos fundamentais mais do que adquiridos é aceitável. Ora, apesar de vivermos todos na ansiedade de adivinhar o porvir, confessamos um profundo desagrado em imaginar que os nossos direitos poderão quedar dependentes de tamanho desamparo. Ora, então, e se no segundo imediatamente seguinte à análise, o indivíduo destinado a ser eventualmente criminoso já não o pretender ser, mesmo que se admita que no milésimo de segundo atrás o quisesse, por livre e arbitrária vontade?

Questionamo-nos se o direito criminal caminhará para um destino em que, em vez do vulgar registo criminal, passará a existir um «registo civilístico-criminal», no qual se gravarão todos os possíveis dados imaginários relativos a um indivíduo, e do qual se poderão retirar, ao longo de toda a sua existência, todas as possíveis conclusões (criminais). Por este caminho, não seria de forma alguma irónico que se propusesse, à semelhança da obrigatoriedade de constituição como arguido a partir do momento em que ocorram circunstâncias que durante a investigação o afetem, a obrigatoriedade de constituição como suspeito desde o momento do nascimento.

III. *BIG DATA* E DECISÃO JUDICIAL

1. A avaliação algorítmica de risco individual na decisão judicial

1.1. Delimitação: Eric Loomis e a avaliação do risco individual

No início de 2013, Eric Loomis foi acusado de cinco crimes ocorridos no âmbito de um tiroteio na cidade de La Crosse. Loomis negou ter participado no mesmo, admitindo apenas que tinha conduzido o veículo envolvido nesse mesmo evento, mas numa outra altura do dia. Neste sentido, declarou-se culpado apenas de duas das cinco acusações: tentativa de fuga de um agente policial e condução de um veículo a motor sem o devido consentimento do proprietário.

Na preparação da condenação de Loomis, o Tribunal de Wisconsin incluiu uma avaliação de risco do *software* COMPAS, cujas avaliações estimam o risco de reincidência, resultado baseado nas entrevistas com o suspeito e nas respetivas informações de histórico criminal. Como a metodologia por detrás do COMPAS é um segredo comercial, apenas o resultado das estimativas de risco de reincidência foi reportado ao tribunal. O tribunal de primeira instância de Wisconsin fundamentou a sua decisão de condenação com base na avaliação do COMPAS e condenou Loomis a seis anos de prisão. Loomis veio a impugnar a sua condenação até ao Supremo Tribunal norteamericano, argumentando, entre outras sindicâncias, a violação do seu direito a um processo devido pelo uso do COMPAS[191].

Como vemos, a enfática e crescente tomada de decisão baseada em dados pelos Estados[192] permeia várias etapas do sistema de Justiça Criminal, que podem ir do policiamento preditivo, conforme *supra* analisado, às avaliações de risco aquando a decisão judicial de condenação[193]. A ideia-chave em benefício deste cenário suporta-se na (suposta) capacidade que as ferramentas BD veiculam na diminuição do preconceito, das heurísticas judiciárias e na limitação das decisões judiciais à racionalidade matemática[194].

191 *Vide State of Wisconsin v. Loomis.* [Consult. a 22 out. 2019]. Disponível em: https://bit.ly/2Wbp0ad.

192 *Vide* EUROPA. Conselho da, *op. cit.*. p. 10.

193 *Vide* HVISTENDAHL, M., "Can "predictive policing" prevent crime before it happens?". In Science. [Consult. a 22 out. 2019]. Disponível em: https://bit.ly/2mAf2Sl.

194 *Vide* HELVETICUM, Collegium, *Call for Papers: 'Automated Justice: Algorithms, Big Data and Criminal Justice Systems'*. International

Aliás, e apesar de ser uma prática relativamente recente, tanto para a fase da decisão judicial[195], como no caso das decisões de liberdade condicional, preocupações com o preconceito judicial em torno das decisões de liberdade condicional levaram à introdução obrigatória deste tipo de *software* para prever a probabilidade de reincidentes em muitos estados dos EUA[196].

1.2. Do processo judicativo-decisório: algumas notas

A sentença é a pedra angular do sistema judicial[197]. É nela que ocorre a mediação dos conflitos entre os objetivos de uma justiça *aequaniminis*, igual para todos, e de uma justiça individualizada, de punição feita à medida do ofensor, e local onde os princípios morais e valores mais altos da sociedade – a vida e a liberdade – são interpretados e aplicados[198]. Os juízes entendem-na como uma «responsabilidade pesada», pois dever considerar não apenas uma

Scientific Conference (2018). [Consult. a 22 out. 2019]. Disponível em: https://bit.ly/2ErVClv. p. 2.

[195] *Ibid.*.

[196] *Vide* EUROPA, Conselho da, *op. cit.*, p. 11.

[197] *Vide*, no mesmo sentido, POÇAS, S., "Da sentença penal - Fundamentação de facto" *In Julgar*, n.º 3. (2007). pp. 21 a 44. p. 21.

[198] *Vide* OSTROM, C, OSTROM, B., KLEIMAN, M., *Judges and Discrimination. Assessing the Theory and Practice of Criminal Sentencing* [Em linha]. (2004) [Consult. a 22 out. 2019]. Disponível em: https://bit.ly/2penebT. p. 2.

punição adequada para a ofensa, mas também o risco que o ofensor representa, *prevendo* a sua probabilidade da reincidência. Na esperança de que o condenado, em liberdade, conduzirá a sua vida sem cometer crimes, importa-lhe atentar na prevenção especial na perspetiva de ressocialização (positiva) e de prevenção da reincidência (negativa). Dito de outro modo, no que releva para o fim das penas, subsiste apenas a finalidade de ajuda ao recluso na mudança e regeneração (leia-se, na sua ressocialização) e na prevenção da repetição de um novo facto criminoso. Aquando da avaliação da prevenção especial, o julgador elabora um juízo de prognose sobre o que irá ser a conduta do recluso no que respeita a reiteração criminosa e o seu comportamento futuro, a aferir pelas circunstâncias do caso, antecedentes, personalidade e evolução durante o cumprimento da pena[199]. Ora, uma possível solução para este labor judicial surgiu com o aparecimento dos métodos de análise Big Data[200].

Apesar das abordagens orientadas por dados poderem explicar a recente expansão no uso de ferramentas de avaliação de risco, a revolução algorítmica não foi responsável pela sua conceção. Na verdade,

[199] De resto, conforme o prevê o artigo 61.º n.º 2 do Código Penal português.

[200] *Vide* BARRY-JESTER, A., CASSELMAN, B., GOLDSTEIN, D., "The New Science of Sentencing. Should prison sentences be based on crimes that haven't been committed yet?". *In The Marshall Project.* (2015) [Consult. a 22 out. 2019]. Disponível em: https://bit.ly/1KNNygi.

os princípios subjacentes ao desenvolvimento das ferramentas de avaliação de risco já há muitas décadas que fazem parte do sistema de justiça criminal. Em 1928, Ernest Burgess projetou um modelo que previa a probabilidade de reincidência de liberdade condicional. Nas décadas de 1970 e 1980, a quantificação do risco individual foi incorporada nos Tribunais norteamericanos, nomeadamente nas diretrizes de condenação. Nas últimas três décadas, o sistema de justiça criminal experimentou uma mudança na direção da política criminal atuarial, usando critérios derivados da gestão de risco para estimar as probabilidades de risco criminal. Dito isto, embora tais métodos tenham existido nos sistemas judiciários por quase um século, a tomada de decisão orientada por dados tornou-se sistematicamente incorporada nas práticas da justiça criminal estadunidense somente nas últimas décadas[201].

As avaliações de risco de reincidência são cada vez comuns nos relatórios das avaliações de investigação, os documentos que normalmente fornecem informações básicas sobre os condenados e que calculam a probabilidade de um indivíduo com antecedentes criminosos cometer outro crime com base numa avaliação de dados atuais[202]. O uso de técnicas automa-

[201] *Vide* BRAYNE, S., *op. cit.*, p. 981.

[202] *Vide* CASEY, P., WARREN, R., ELEK, J., *In Using Offender Risk and Needs Assessment Information at Sentencing. Guidance for Courts from a National Working Group.* National Center for State Courts (2011). [Consult. 22 out. 2019]. Disponível em: https://bit.ly/2lOzXAK. p. 33.

tizadas para determinar a duração de uma sentença de prisão pode permitir abordagens mais uniformes para casos comparáveis[203].

2. A resposta do ordenamento jurídico português

2.1. Implicações normativas do uso de avaliações de risco no processo penal

Retomando o caso *Estado v. Loomis* anteriormente descrito, o Supremo Tribunal dos Estados Unidos da América veio a considerar que a utilização da avaliação algorítmica de risco na sentença não violou os direitos de defesa do réu, pese embora a metodologia usada para produzir a avaliação não tenha sido divulgada, nem às partes, tampouco à sociedade[204]. Efetivamente, perante a pressão do elevado número de casos pendentes e de recursos insuficientes que a maioria dos sistemas judiciários sofre, há um perigo de que este tipo de sistemas de suporte sejam inadequadamente usados pelos juízes para *delegar* decisões em sistemas tecnológicos que são percebidos como

[203] *Vide* AINOW, *Litigating algorithms: Challenging Government use of algorithm decision systems.* AI Now Institute in collaboration with Center on Race, Inequality, and the Law Electronic Frontier Foundation. (2018) [Consult. a 22 out. 2019]. Disponível em: https://bit.ly/2OGMySL. p. 201.

[204] *Vide State of Wisconsin v. Loomis.* [Consult. a 22 out. 2019]. Disponível em: https://bit.ly/2Wbp0ad.

sendo mais imparciais e objetivos, mesmo quando ocorra a enorme possibilidade de não ser esse o caso[205]. Apesar de serem já consideráveis os casos sensíveis a demonstrar a falta de parcialidade[206] e confiabilidade que lhes é apontada[207], todo o debate a que temos vindo a assistir convoca a enorme plausibilidade de os tribunais estaduais portugueses virem também a contar com o uso de instrumentos de avaliação de risco no sistema judiciário. Ora, nesta *antecipação*, não deixa de ser curioso questionarmo-nos se o direito português poderá receber de braços abertos esta tecnologia, considerando respeitadas as garantias do processo (penal), tão caras à nossa legislação fundamental.

Ora, do exemplo ilustrado resultam duas perspetivas possíveis a extremar. Por um lado, a natureza secreta deste tipo de tecnologia impede que o réu desafie a precisão e a validade científica da avaliação de riscos. Como vimos, ao algoritmo «*black box*» são-lhe delegadas determinadas decisões de resultado obscuro, que assim o são por um ou por ambos os motivos: ou porque a linguagem informática,

[205] *Vide* EUROPA, Conselho da., *op. cit.*, p. 11.

[206] Para outros exemplos ilustrativos do referido, *vide* PEDRESCHI, D., [*et. al.*], *op. cit.*.

[207] *Vide* INSTITUTE, Council of the American Law Institute, *Model Penal Code: Sentencing - Tentative Draft No. 3.* Submitted by the Council to the Members of The American Law Institute for Consideration at the Ninety-First Annual Meeting on May 19, 20, and 21, 2014 (2014). p. 191.

o código-fonte, ínsita no mesmo não é compreensível para as partes interessadas, ou, porque é secreto, devido à circunstância de a empresa proprietária se recusar a divulgar os seus componentes precisos, afirmando que são segredos comerciais, caso que ocorreu com o *software* COMPAS no caso em análise.

Por outro, apesar de secretos, sabemos hoje que as avaliações levam em consideração fatores criminógenos duvidosos, como o género e a raça, na formulação das respetivas avaliações de risco. Ou seja, independentemente do algoritmo de avaliação de risco criminal estar ao abrigo do instituto do segredo comercial, vários estudos vieram observar até que ponto tais instrumentos estão apoiados em fatores inadmissíveis em sede de decisão judicial, entre eles o género[208], a raça[209] e determinados grupos minoritários[210].

Perante tudo isto, resulta claro que a aplicação de algoritmos no processo judicial acende um inevitável

[208] *Vide* STARR, S., "Evidence-Based Sentencing and the Scientific Rationalization of Discrimination". *In Stanford Law Review*. Vol. 66, n.º 4 (2014); *et* MASSIE, D., "Orange is the New Equal Protection Violation: How Evidence-Based Sentencing Harms Male Offenders". *In William and Mary Bill of Rights Journal*. Vol. 24, n.º 2 (2015). pp. 521 a 550; *et* HAMILTON, M., "Risk and Needs Assessment: Constitutional and Ethical Challenges". *In SSRN Electronic Journal*. (2014).

[209] *Vide* ANGWIN, J., LARSON, J., MATTU, S., KIRCHNER, L., "Machine Bias". *In ProPublica*. (2016). [Consult. a 22 out. 2019]. https://bit.ly/1XMKh5R.

[210] *Vide* KLINGELE, C., "The Promises and Perils of Evidence-Based Corrections". *In Notre Dame Law Review*. Vol. 91, n.º 2 (2016). pp. 537 a 584.

debate quanto ao que se entende por um julgamento justo, pelo que cabe tecer algumas considerações. Efetivamente, longe de se saber a real predominância das decisões criadas por algoritmos nos sistemas de justiça criminal, já o Tribunal Europeu dos Direitos Humanos[211] suscitava sérias preocupações quanto ao mero potencial de seu uso suscitava sérias preocupações em relação ao artigo 6.º da CEDH e ao princípio dc igualdade de armas e processos contraditórios[212].

Expressamente vertido no n.º 4 do artigo 20.º da Constituição da República Portuguesa (doravante, «CRP»), o princípio de que todos têm direito a um processo equitativo é um verdadeiro corolário do Direito português, a ser entendido não apenas como um processo justo na conformação do processo *per si*, mas também de um processo assente nos princípios materiais da justiça em todos os momentos processuais[213]. Neste sentido, a doutrina e a jurisprudência têm procurado densificar o princípio do processo equitativo através de outros princípios, entre eles,

[211] *Vide*, a título enunciativo, *Jespers v. Belgium*, 15 October 1980, no 8404/78, *Salduz v. Turkey*, 17 November 2008, no 36391/02 and *Blokhin v. Russia*, 13 April 2016, no 47152/06. .

[212] Contido, desde logo, no artigo 6.º da Convenção Europeia dos Direitos do Homem (doravante, «CEDH»), o julgamento justo abriga a presunção de inocência, o direito de ser informado imediatamente da causa e da natureza da acusação, o direito a uma audiência justa e o direito à defesa pessoal.

[213] *Vide* CANOTILHO, J., MOREIRA, V., *Constituição da República Portuguesa Anotada* , 4.ª ed. revista. Vol. I. Coimbra: Coimbra Editora, 2007. p. 415.

o direito à igualdade de armas ou direito à igualdade de posições no processo, com proibição de todas as discriminações ou diferenças de tratamento arbitrárias; o direito de defesa e o direito ao contraditório traduzido fundamentalmente na possibilidade de cada uma das partes invocar as razões de facto e de direito, oferecer provas, controlar as provas da outra parte, pronunciar-se sobre o valor e resultado destas provas; o direito à fundamentação das decisões; o direito ao conhecimento dos dados processuais; e o direito à prova, isto é, à apresentação de provas destinadas a demonstrar e provar os factos alegados em juízo[214].

O processo justo ou equitativo, visto por este prisma de um verdadeiro leque de garantias de defesa em processo penal, vem a ser densificado pela própria Constituição no seu artigo 32.º, de epígrafe «garantias de processo criminal», nomeadamente a presunção de inocência, o julgamento em prazo curto compatível com as garantias de defesa, o direito à escolha de defensor e à assistência de advogado, a reserva de juiz quanto à instrução de processo, a observância do princípio do contraditório, o direito de intervenção no processo, etc.

Perante o enunciado, é inegável que uma decisão judicial baseada em considerações secretas e em fatores como o género ou a raça viola o direito constitucional do processo justo, pois o princípio do con-

[214] *Ibid.*. pp. 415 e 416.

traditório, relativamente aos destinatários, tem por significado o dever e direito de o juiz ouvir as razões de todos envolvidos, tanto da acusação como da defesa, em relação a assuntos sobre os quais tenha de proferir uma decisão; o direito de audiência de todos os sujeitos processuais que possam vir a ser afetados pela decisão, de forma a garantir-lhes uma influência efetiva no desenvolvimento do processo; em particular, direito do arguido de intervir no processo e de se pronunciar e contraditar todos os testemunhos, depoimentos ou outros elementos de prova ou argumentos jurídicos trazidos ao processo, o que impõe designadamente que ele seja o último a intervir no processo; e proibição por crime diferente do da acusação, sem o arguido ter podido contraditar os respetivos fundamentos[215].

Decorre, aliás, do princípio da proteção global e completa dos direitos de defesa do arguido em processo criminal, ínsito no n.º 1 da norma do artigo 32.º referida, que em «todas as garantias de defesa» englobam-se indubitavelmente todos os direitos e instrumentos necessários e adequados para o arguido defender a sua posição e contrariar a acusação. Perante a extrema desigualdade material entre a acusação (corresponde ao poder institucional do Estado) e a defesa, só a compensação desta, mediante específicas garantias, pode atenuar essa desigualdade de

[215] *Ibid.*. pp. 522 e 523.

armas[216]. Parecem-nos, de facto, demasiadas condicionantes a levar em linha de conta na hora de condenar um indivíduo com base num instrumento assente nas caraterísticas apontadas, não logrando o mesmo de qualquer hipótese de contraditar o que contra si foi dito. Daí ao facto de constatarmos o motivo do princípio do contraditório não excluir qualquer ato suscetível de afetar a posição de um arguido é um passo[217], pelo que cabe extrema cautela quanto à integração das avaliações algorítmicas de risco para que as mesmas possam integrar a convicção do tribunal, pelo que só os meios de prova legalmente adquiridos no processo podem ser valorados[218].

Por conseguinte, dependendo da amplitude e variedade dos dados recolhidos para análise, assim como das ferramentas analíticas usadas, os algoritmos preditivos podem contribuir para uma decisão prejudicial e resultados discriminatórios[219]. A «orientação para a defesa» do processo penal revela que ele não pode ser neutro em relação aos direitos fundamentais (um processo em si, alheio aos direitos do arguido),

216 *Ibid.*. p. 516.

217 *Ibid.*. p. 523.

218 No mesmo sentido, *vide* LOUREIRO, Flávia Noversa, "A (i)mutabilidade do paradigma processual penal respeitante aos direitos fundamentais em pleno século XXI". *In* MONTE, M. [*et. al.*] (eds.), *Que futuro para o direito processual penal? simpósio em homenagem a Jorge de Figueiredo Dias, por ocasião dos 20 anos do Código de processo penal português.* Coimbra: Coimbra Editora, 2009. p. 246.

219 *Vide* EUROPA, Conselho da, *op. cit.*. pp. 10 e ss.

antes tem neles um limite infrangível[220] De uma perspetiva jusfundamentalista, é crucial assegurar o princípio da igualdade e o princípio da não discriminação aquando da confrontação dos factos com as previsões de IA[221]. Isto, como bem se poderá imaginar, levanta uma panóplia de graves questões, e afasta, de forma implacável, a presunção de que apenas o julgamento humano poderá ser um ímpar "eufemismo para a arbitrariedade, discricionariedade e preconceito"[222].

3. A *Big Data* e a crise atual do paradigma jurídico português: algumas considerações metodológicas para uma jurisprudência dos sentidos

É certo que enfrentamos hoje uma crise institucional, que clama afincadamente por uma «reforma», na senda de um equilíbrio entre as suas estruturas e a constante metamorfose das circunstâncias sociais, pelo que primordial se mostra meditar sobre o estado das coisas que se impõe. *Pari passu* com os prodigiosos desenvolvimentos tecnológicos, o século XX registou o instante a partir do qual se inaugurou uma crise no Direito português, porquanto numa sociedade que clama por segurança, exigindo ao Estado uma inter-

[220] *Vide* CANOTILHO, J., MOREIRA, V., *op. cit.*. p. 516.

[221] *Vide* MANRIQUE, Jorge, *op. cit.*. p. 221.

[222] Nas palavras de Anthony D'Amato. *Vide* D'AMATO, Anthony, "Can/Should Computers Replace Judges?". *In Georgia Law Review*. Vol. 11 (1977). pp. 11 a 36. p. 12.

venção que até aqui era refugada, colide, inevitavelmente, com os direitos fundamentais, *inter alia*, com o processo penal[223].

A evolução tecnológica foi aqui recebida com opiniões paradoxais: se, de um lado, surge sedutora a ideia de utilizar ferramentas de BD para a prevenção e avaliação do risco criminal, do outro, todo este cenário coloca questões muito discutíveis às autoridades de cada Estado no fomento do bem-estar coletivo, uma vez que são necessárias não apenas formas muito mais sofisticadas ao nível tecnológico no alcance da Justiça, como muito mais invasivas e potencialmente suscetíveis de afetar esferas de direitos de indivíduos, fronteiras intransponíveis para o Estado, e que poderão restringir tragicamente, como vimos, a função da privacidade[224], não apenas ao nível do livre desenvolvimento da personalidade individual, como também ao nível da manutenção de uma democracia viva. De facto, poder-se-á correr o risco de a realidade retratada por Philip K. Dick, em *Minority Report*, corresponder àquela para a qual tendemos atualmente[225]: a sensação de que a vida privada é constantemente controlada graças ao acesso e à conservação dos dados, o que abre portas a uma vigilância em massa por parte das autoridades – e, de todo o modo, ao *chilling effect*.

223 *Vide* LOUREIRO, F., *op. cit.*. p. 269.

224 *Vide* MAHONEY, M., “The cost of Artificial Intelligence”. *In* CURADO, M., GOUVEIA, S., (eds.), *Philosophy of Mind: Contemporary Perspectives*, Cambridge: Cambridge Scholars Publishing, 2017. p. 243.

225 *Vide*, a propósito, LOUREIRO, F., *op. cit.*, pp. 269-273.

Por outro lado, os pilares instituitivos do século XIX, firmados no Positivismo Jurídico, perderam o seu dinamismo e eficácia, constatando-se ser um modelo alheio à realidade efetivamente vivida[226]. O século transato, aquando dos flagelos advindos da II Guerra Mundial, voltou-se para a ponderação de questões que ultrapassam o enfoque normativo e a atividade do legislador, típico brocardo do Positivismo Jurídico novecentista, vindo-se a admitir que as doutrinas e teorias formais e sistemáticas eram utopísticas, na medida em que o Direito e a Lei não se bastam *per si*, devendo apoiar-se nas demais erudições que vivem fora da sua esfera e que enriquecem todo o seu edifício. Por outras palavras, indagou-se alcançar uma consciência mais humanista para o Direito. Ora, jamais nos poderíamos atrever a contestar a importância e a necessidade do apelo judiciário aos parâmetros assentes nas tradicionais fontes normativas de Direito, nem o recurso a elementos da interpretação para desses parâmetros retirar sentidos que se querem racionais[227]. Todavia, a experiência já nos ensinou que muitos desses sentidos ultrapassam o que é proporcionado pelo recurso a esses elementos. Dito de outro modo, logrará uma abstração chamada «lei» moldar a vida e o comportamento da sociedade ou ditar sempre o resultado de cada caso, mesmo que

[226] *Vide* SILVA, J. e, *ibid.*.

[227] *Vide* SILVA, J. e, *ibid.*, p. 305.

as caraterísticas pessoais do Julgador pendam para uma decisão distinta?[228]

É por entre este dilacerar das liberdades fundamentais e esta perceção de incerteza que sobremodo se legitimam os esforços levados a cabo para a aplicação da tecnologia ao Direito. Hodiernamente, de facto, debatem-se amiúde questões relativas à "justiça automatizada" e ao "juiz autómato" e às vantagens para a sua celeridade[229], e, como bem se poderá depreender, para a sua neutralidade, segurança e certeza, das quais se adivinha a proteção dos direitos fundamentais, desde logo, a erradicação do preconceito nos Tribunais[230]. Tais suposições advêem de que a substituição da racionalidade e da heurística humana pela neutralidade matemática, isto é, a viabilidade de comutação de determinadas ações do intelecto humano, de caráter técnico-jurídico, por modelos tecnológicos inteligentes, utentes de uma *logicae* comum, irá ser a solução para uma reafirmação do Direito[231].

228 *Vide* D'AMATO, A., *op. cit.*. p. 14.

229 Com o intuito de alcançar o custo de uma total automatização da economia global, Matt Mahoney enuncia uma estimativa comparatística do número de operações que um computador e um cérebro humano estão aptos a realizar por segundo. Cfr. MAHONEY, M., *op. cit.*. p. 232.

230 *Vide* CHRISTIN, A., *op. et loc. cit.*.

231 Como vimos, o algoritmo de base, cuja fórmula de cálculo corresponde a sequencializações de normas jurídicas, coincide determinados padrões comportamentais a estas últimas, atribuindo silogisticamente o correlato resultado/decisão.

Cabe-nos, neste desiderato, acrescentar algumas considerações de índole hermenêutico-metodológico quanto ao uso das ferramentas BD enquanto instrumento analítico de apoio à decisão jurídica[232]. É que, se bem que numa investigação inicial se havia considerado que em determinada tipologia de procedimentos não haveriam graves questões a sindicar na sua utilização, nomeadamente quando apenas estivessem em causa aspetos de natureza rotineira e padronizada[233], os quais envolvessem a aplicação direta de regras claras a factos incontroversos, vários estudos contemporâneos comprovaram que um algoritmo que subsuma comportamentos a sequências de regras jurídicas está impossibilitado de modelar, com precisão, uma sentença, porquanto o poder judiciário tem por tarefa produzir soluções que sejam racionais e justas, precisamente naqueles casos em que os factos, as regras, ou a forma como se interligam, são controversos[234]. De facto, e conforme se constatará, o processo de tomada de decisão judicial é demasiado complexo, multifacetado e valorativo para que possa ser reconduzido a um modelo lógico[235].

Ora, vejamos: o julgador tem a obrigação de julgar de acordo com um determinado ordenamento jurídico, de acordo com uma racionalidade ética e sistemática que, além de legitimar a sua atuação,

[232] *Vide* TARUFFO, M., *op. et loc. cit.*.

[233] *Vide* MANRIQUE, J., *op. cit.*, p. 216.

[234] *Vide* SARTOR, G., BRANTING, L., *op. cit.*. p. 105.

[235] *Vide*. TARUFFO, M., *op. et loc. cit.*.

confere-lhe o necessário grau de autoridade; porém, "uma decisão judicial, cuja construção e justificação podem, à primeira vista, parecer inelutáveis, conduzindo a um único resultado possível, pode ser exposta como parcial, uma escolha narrativa entre diversas outras, produto de uma perspectiva, de circunstâncias ou de molduras interpretativas"[236]. É cabal notar, desde logo, que o procedimento judicativo-decisório, composto pela dicotomia juiz-sentença, não se compõe somente de aspetos normativos e lógico-formais, mas também de um vasto conjunto de elementos subjetivos, pelo que tudo isto passa talqualmente por convocar uma perspetiva humana e individual da sentença enquanto aquisição factual necessariamente racionalizada[237]. Aliás, e como veremos, a convocação da existência desta subjetividade, ancorada nos saberes extrajurídicos, é uma forte premissa de repúdio de um modelo estritamente normativista[238].

236 *Vide* SILVA, J. e, *op. cit.*, p. 300.

237 Cfr. IBÁÑEZ, P., "Sobre a formação racional da convicção judicial". *In Revista Julgar*. Coimbra: Coimbra Editora. n.º 3 (2011). p. 155.

238 Michele Taruffo, numa abordagem teórica ao «fenómeno empírico» da decisão judicial, enuncia outros fatores influenciadores da tomada de decisões judiciais, nos quais se incluem, a título exemplificativo, a composição, o formato e o tamanho do tribunal, as regras procedimentais, as circunstâncias factuais dos casos, a forma e o conteúdo das regras substantivas que regem o caso, a prova disponível, os métodos usados para decidir os factos de acordo com as provas e os métodos destinados à resolução de questões legais de acordo com as regras e princípios relevantes. *Vide* TARUFFO, Michele, *op. cit.*. p. 311.

Nesta senda, e de um primevo enfoque epistemológico e metodológico – para o qual muito contribuíram a Filosofia, a Neurociência, a Biologia, a Psicologia e a Sociologia –, pondere-se, por um lado, que há, em Tribunal, histórias antagónicas em rivalidade, e cujos factos se reportam a uma realidade passada e na qual a verdade factual já não está presente. Ora, se os factos falassem, bastaria reproduzi-los em juízo; porém, sucede que os factos são «mudos» e isto obriga a que, para que possam ser «ouvidos» processualmente, se devam reconstruir como uma narração[239]. E quando falamos em histórias em competição, tendo um juíz-árbitro a obrigação de optar pela versão que o convencer, falamos no seu efeito persuasivo e no facto de se imiscuírem com crenças, valores e ideologias da sociedade em questão e permitirem a generalização do significado das relações entre acontecimentos[240]. O contador dessas histórias não deixa, portanto, de ser um narrador[241], o que acrescenta outro problema, na medida em que essa

239 *Vide* CALVO GONZÁLEZ, J. , "La verdad de la verdad judicial. Construcción y régimen narrativo". *In* CALVO GONZÁLEZ, J. (coord.), *Verdade [Narración] Justicia*. Málaga: Universidad de Málaga, 1998. p. 10.

240 *Vide* CALHEIROS, M., "A prova como experiência interdisciplinar no Direito". *In* BORGES, A., COELHO, S. (*org.*), *Interconstitucionalidade e Interdisciplinaridade: Desafios, âmbitos e níveis de interação no mundo global.* 1.º ed. Uberlândia: Laboratório Americano de Estudos Constitucionais Comparados PPGD-UFU, 2015. vol. 1. p. 289-291.

241 *Vide* CALHEIROS, M., *Para uma teoria da prova*. – (Estudos CEJUR). Braga: Coimbra Editora, 2015. *loc. cit.*

narração é também ela fruto de um preenchimento lógico de lacunas levado a cabo pela mente, e que, com toda a probabilidade, não corresponde a um retrato fiel à realidade[242]. Ora, toda esta factualidade narrativa reverbera-se num recetor subjetivo – seja um Julgador, seja um perito –, que está a reconstituir plasticamente um momento que não é captado em toda a sua plenitude[243]. O juiz, como ser humano que é, quadradamente cercado pelas suas crenças e referências, e perante a omissão de todos estes elementos de facto, socorre-se de heurísticas, também elas atalhos mentais cujo destino é preencher vazios cognitivos[244]. O processo mental de decisão, por sua vez, fornece-nos pistas interessantíssimas quanto a esta parte: no tocante à perceção das ações humanas na tomada de decisão, sabemos hoje que não é possível à estrutura cerebral humana tomar uma decisão sem uma perfeita interdependência entre razão, emoção e organismo, encontrando-se inelutavelmente envolvidos emoções e sentimentos na gestão do sistema neurológico. *Veritas*, e no trilho dos estudos do neuropsiquiatra António Damásio, no processo de

242 *Vide,* no mesmo sentido, PESSOA, A., *A Prova Testemunhal (Estudo de Psicologia Judiciária).* Coimbra: Imprensa da Universidade, 1913. p. 44.

243 *Vide* MIRAUT, L., "La Sentencia Judicial entre la Recreacíon y la Sustitución de los Hechos". *In Anuario de Filosofia del Derecho.* Tomo XVIII (2001). p. 55.

244 *Vide* quanto ao tema, desenvolvidamente, STERNBERG, R., *Psicologia Cognitiva.* 4.ª ed. Porto Alegre: Artmed, 2008.

tomada de uma decisão, o indivíduo convoca toda a sua estrutura neuronal, apelando não só à razão, como também às emoções. Daí ao facto de admitirmos que o juiz decide com todo o seu "eu" – repescando na sua base de dados neuronal os veículos necessários para conjeturar sobre as premissas de uma determinada situação –, é um passo, pelo que não é possível tomar decisões – sejam pessoais, sejam judiciais – livres de estímulos emocionais[245]. É, portanto, evidente que ao ato de julgar – além de resultar, por obviedade, de ilações com base nos conhecimentos técnicos logrados no contexto da formação académica - são imprimidas, com mais ou menos intensidade, as convicções, ideologias e a própria mundividência do Julgador – toda uma urdidura manifestante das suas emoções e dos seus sentimentos, os quais são apelados aquando a presença de qualquer factualidade sobre a qual seja imperioso julgar e decidir. Ou seja, neste aspeto tão humano e tão próprio da demanda judicial, o juiz decide enquanto técnico do Direito, não deixando de aplicar as referências a que está obrigado pelo próprio sistema judiciário em que se inclui, mas também enquanto homem, como pessoa humana, moral e social que é. É, portanto, inelutável que ainda que o modelo processual da atualidade assente numa ideia de procura da verdade, contém apenas uma narração dos factos e não os factos propriamente ditos, sendo,

[245] Remetemos, desenvolvidamente, para DAMÁSIO, A., *O erro de Descartes. Emoção, razão e cérebro humano*. Lisboa: Publicações Europa--América, 1995.

para além do mais, um modelo humano, pelo que é irremediavelmente contaminada a sentença judicial pelas suas diversas origens e intenções[246].

Em segundo lugar, e contemplando-se a perspetiva metodológica por um prisma hermenêutico, é relevante que se chame à colação um outro tópico, e que diz respeito à vicissitude da própria linguagem jurídica ser um obstáculo à aplicação destas funcionalidades ao processo judicativo-decisório. *Veritas*, o vocabulário jurídico, não deixando de ser o mesmo que é empregue na linguagem corrente, assume aceções distintas quando operado no discurso jurídico[247], ao que acresce o facto de a linguagem jurídica ser "reflexo de uma específica cultura, dotada de muitos específicos interesses e finalidades", entre os quais a preservação da ordem jurídica, a partir da "prevenção e resolução de conflitos e altercações sociais"[248]. Dito de outro modo, a *verbis legis*, progenitora da indeterminação normativa, representa a derradeira constatação de que a própria sociedade é complexa; porém, opera também em seu amparo, no fito de responder aos constantes desafios que a mesma impõe ao Direito. Não obstante as técnicas PNL haverem avançado enormemente nos últimos anos, possibili-

[246] *Vide* CALHEIROS, M., "Verdade, Prova e Narração". *In Revista do CEJ*. 2.º semestre. n.º 10 (2008). p. 290.

[247] *Vide* SILVA, J. e, *Para uma Teoria Hermenêutica da Justiça. Repercussões Jusliterárias no Eixo Problemático das Fontes e da Interpretação Jurídicas*, Coimbra, Almedina, 2011, p. 44.

[248] *Ibid., p. 43.*

tando a "sistemas especialistas" inteligentes reconhecer, com um razoável grau de precisão, o conteúdo e o significado das questões colocadas pelo operador, a linguagem jurídica tem por correlato a imprecisão e ambiguidade do texto jurídico, o que bloqueia sobremaneira a compreensão das questões propostas a qualquer destinatário[249]. Por este ponto de vista, se o que se almeja no seio da comunidade – social e científica – é uma maior uniformidade e segurança, restam-nos dúvidas quanto ao sucesso da implementação destes ditos sistemas inteligentes, pois não serão também os mesmos a conquistar esse pódio, perante a elevada possibilidade de uma incorreta interpretação factual e normativa.

Destarte, adentrando por um plano axiológico concreto, mais fundo, mais do que uma escolha tecnológica, a decisão de utilização de IA no processo judicativo-decisório deve considerar, prioritariamente, valores éticos[250]. E isto, no essencial, pelas seguintes razões. Uma questão bastante divulgada por autores da atualidade enquanto premissa para a falência do juiz autómato é o facto de este ainda não estar apto a resolver problemas para os quais não foi pré-determinado ou programado de antemão: o designado problema da anomia ou da falta de precedentes[251] – *vide*, quando deparada com a ausência de

[249] *Vide* MANRIQUE, J., *op. cit.*, p. 219.

[250] *Vide*, quanto a esta temática, COMMONS, House of, *Algorithms in Decision-Making. Fourth Report of Session 2017-2019*, 2018.

[251] *Vide* MANRIQUE, J., *op. cit.*, p. 223.

um acervo de dados de suporte, a "Máquina" é incapaz de solucionar uma questão não anteriormente contemplada pelo sistema. Contudo, as mais recentes inovações em *machine learning* ultrapassaram este impasse: como vimos, há agentes de IA autónomos que já tomam decisões sem o recurso a qualquer programação prévia[252]. Desta sorte, e pressagiando que tais conquistas chegarão ao campo da *Iustitia*, assombram-nos múltiplas questões, entre elas a de saber, por exemplo, se e como poderá um sistema deste tipo ser responsabilizado pelas suas decisões, ou se, ao invés, beneficiará das prerrogativas especiais de um magistrado. Por esta ordem de ideias, estaríamos a outorgar a uma entidade não humana uma ampla margem de discricionariedade, não levando em linha de conta, a título exemplificativo, a questão da sua aceitação por parte do(s) destinatário(s) da decisão[253]. Por um outro prisma, se uma decisão judicial, que se pretende como um "veículo do verdadeiro império do Direito", não pode deixar de ser correta e justa[254], como poderão ser incorporados

252 *Vide* DE LUIS, Á., *Facebook apaga una inteligencia artificial que había inventado su propio idioma.* [Consult. 22 out. 2018]. Disponível em https://bit.ly/2v5wCzq.

253 Com efeito, uma importante ilação dos estudos relativos à temática é a de que um desempenho exímio no processo judicativo-decisório não garante a aceitação do destinatário. *Vide*, quanto a esta tese, LEITH, P., "The Judge and the Computer: How Best 'Decision Support'?". *In Artificial Intelligence and Law.* Netherlands: Kluwer Academic Publishers. n.º 6 (1998). pp. 289-309.

254 *Vide* Silva, Joana Aguiar e, *op. cit.*, p. 306.

valores humanos num robô? Aliás, e filosoficamente falando, existe algum padrão lógico-normativizado de ética? Poderá vir a existir? Será possível construir robôs "angelicais" que só ambicionem alcançar o bem? E, afinal, *o que é o bem?*[255]

4. (Algumas) recomendações para uma (eventual) justiça automatizada no ordenamento jurídico português

De termo vago, a moda passageira[256], até verdadeira obsessão[257], a verdade é que a eventualidade de a BD vir a influenciar a forma como o Direito é hoje visto não abafa os desassossegos epistémicos que a sua utilização (descomedida) convoca. À luz de tudo o que foi referido ao longo destas páginas, são profusas as razões que diminuem a possibilidade de aplicabilidade da BD no campo da Justiça Criminal, tornando discutível a validade e a utilidade

[255] *Vide* ÖZKURAL, E., "Godseed: Benevolent or Maleficient". *In* CURADO, M., GOUVEIA, S., (eds.), *Philosophy of Mind: Contemporary Perspectives*, Cambridge: Cambridge Scholars Publishing, 2017. p. 210.

[256] *Vide*, desenvolvidamente, REIPS, U., MATZAT, U., '"Mining 'Big<Data' using Big Data Services".' *In International Journal of Internet Science*. Vol. 9, n.º 1 (2014). pp. 1 a 8.

[257] *Vide* HARFORD, T., "Big data: are we making a big mistake?". *In Financial Times* (2014). [Consult. a 22 out. 2019]. Disponível em: https://on.ft.com/2fTd6R5.

prática dos seus resultados[258]. Nesta senda, os cuidados devem ser redobrados na avaliação do que estes sistemas podem oferecer e sob que condições podem ser usados para não comprometer o sentido de *iustita*, pelo que doravante nos cabe deixar alguns aspetos que se logrou recolher, ao longo da investigação, perante a eventualidade de virmos a receber a justiça automatizada no panorama jurídico português, à mercê do ordenamento jurídico norte-americano, que já tratou de alterar a sua legislação penal no sentido de desenvolver e integrar instrumentos que estimarão o risco relativo que os agressores representam para a segurança pública, incorporando-os às diretrizes de sentença[259]. Daqui resulta, portanto, uma alta probabilidade de que o alcance dos instrumentos de avaliação de risco no sistema criminal se expanda para outras partes do Mundo e que outros sejam instados a seguir-lhe o exemplo.

258 Na verdade, e apesar de o Supremo Tribunal dos EUA ter aceite o uso da avaliação de risco criminal na sentença do Sr. Eric Loomis, não descurou das suas ambiguidades, logrando também por moderar o atual entusiasmo pela aplicação deste tipo de tecnologia. *Vide State of Wisconsin v. Loomis*. [Consult. a 22 out. 2019]. Disponível em: https://bit.ly/2Wbp0ad.

259 INSTITUTE, Council of the American Law Institute. *op. et loc. cit.*.

4.1. *Unlocking the Pandora's Box*

4.1.1. Da transparência enquanto mote da Democracia: algumas notas

Algumas das questões levantadas ao longo deste estudo, particularmente as relativas à patente postergação da privacidade, iluminam o que todos nós já deveríamos ter tomado conhecimento há muito tempo, pois, sem dúvida, cremos que a sociedade já teria trilhado alguma resistência às tendências apontadas e impelido o redirecionamento das medidas políticas, e, até, porventura, a própria modelação do conceito de privacidade a um conteúdo apropriado para um mundo de BD[260].

O amplo desconhecimento acerca dos microprocessos subjacentes que levam ao surgimento das caraterísticas típicas da BD é um problema crucial[261]. Muito do que é feito e como é feito permanece em segredo e uma das primeiras tarefas é exigir transparência onde deve existir – nas práticas governamentais, mas também nas comerciais.[262]

Partindo da premissa de que qualquer tecnologia pode ser danosa, e na senda de suportar um processo de construção da confiança pública, indispensável a qualquer democracia viva, deve ser amplamente

[260] *Vide* LYON, D., *In Surveillance after Snowden. op. et loc. cit.*.

[261] *Vide* SNIJDERS, C., MATZAT, U., REIPS, U., "Big Data": Big gaps of knowledge in the field of Internet".*op. et loc. cit.*

[262] *Vide* LYON, D., *In Surveillance after Snowden. op.et loc. cit.*.

considerada a questão da transparência. Neste campo, colocam-se particularmente duas questões: como confiar em decisões tomadas por sistemas inteligentes e, de maneira mais geral, como pode o público ter confiança no seu uso na tomada de decisões? Se o mesmo pode tomar uma decisão que se mostra desastrosamente errada, como investigamos o processo pelo qual a decisão foi tomada?[263] Deste modo, e no intuito de superar o défice de *insight*, a Big Data, não importa quão abrangente ou bem analisada, deve ser complementada por um "grande julgamento"[264], a par de uma supervisão escrupulosa e salvaguarda adequada[265].

4.1.2. Transparência no conteúdo dos algoritmos usados em julgamento

Conforme enunciado *supra*, muitos dos algoritmos usados na Justiça Criminal são desenvolvidos por entes privados que, por motivos de concorrência, têm interesse em mantê-los em sigilo[266]. Por outro lado, verificamos que o Supremo Tribunal norte-

263 *Vide* WINFIELD, A., JIROTKA, M., "The Case for an Ethical Black Box". *In* GAO, Y., [*et. al.*] (eds.), *In Towards Autonomous Robotic Systems*. Cham: Springer International Publishing, 2017. pp. 262 a 73. pp. 262 e ss.

264 *Vide* SHAH, S., HORNE, A., CAPPELÁ, J., "Good Data Won't Guarantee Good Decisions". (2012) [Consult. a 22 out. 2019]. Disponível em: https://bit.ly/1yyYVOW.

265 *Vide* EUROPE, Council of,. *op. cit.*. p. 45.

266 *Vide* KIRCHNER, L., "Where Traditional DNA Testing Fails, Algorithms Take Over".

-americano, no caso *Eric Loomis v. State*, não colocou óbices a que os proprietários do COMPAS apelassem ao segredo comercial, e que mantivesse os detalhes dos algoritmos escondidos, tanto do público como das partes em litígio.

Todavia, como se averiguou ao longo deste trabalho, quando o Algoritmo é usado no campo criminal, os direitos fundamentais quedam sobejamente afetados, mormente o direito a um processo equitativo e justo. Por conseguinte, os algoritmos usados como prova em sede de julgamentos criminais devem ser totalmente disponibilizados aos réus, para que tenham oportunidade de contraditar a prova. No intuito de acautelar o indispensável direito a um processo justo, e na senda de exercer o contraditório da prova, importa que os sujeitos processuais, possam sindicar a validade da metodologia previamente à sua admissão e produção, tanto mais tratando-se de métodos novos, como o são, *in casu*. Por outro lado, somos da opinião de que também a sociedade em geral deve ter acesso ao seu conteúdo, posto que, se as descobertas científicas ainda não estão prontas para o escrutínio científico e para a avaliação pública pelos seus pares, muito menos não estão prontas e aptas enquanto meio de prova em tribunal.

4.1.3. Relatório anexo à avaliação de risco criminal

À semelhança do promovido pelo Tribunal no caso *Loomis v. State*, qualquer avaliação de risco criminal que acompanhe uma eventual decisão judicial deve ser acompanhada de um relatório de advertência à decisão judicial[267].

O relatório, entre outros parâmetros, deve conter a uma lista de advertências para o Julgador, sempre que as circunstâncias a seguir enumeradas se verificarem, devendo ser atualizadas logo que novas informações estiverem disponíveis: primeiro, a natureza comercial do *software* de avaliação impede a divulgação da forma de cálculo das pontuações de risco; segundo, as pontuações do *software* são incapazes de identificar indivíduos específicos de alto risco, uma vez que essas pontuações confiam em dados de grupos indiferenciados; terceiro, se a avaliação levada a cabo pelo *software* depender de amostras de dados nacionais, é feita a advertência de que no resultado não está contemplado nenhum estudo para a população local do infrator[268]; quarto, as avaliações levadas a cabo pelo *software* classificam desproporcionalmente os infratores das minorias sociais como tendo um risco maior de reincidência"; e, quinto, o *software* foi desenvolvido para um determinado fim específico[269].

[267] *Vide State of Wisconsin v. Loomis*. [Consult. a 22 out. 2019]. Disponível em: https://bit.ly/2Wbp0ad.

[268] *Vide* FARABEE, D., [*et. al.*], *COMPAS Validation Study: Final Report*. California Department of Corrections and Rehabilitation , Semel Institute for Neuroscience and Human Behavior, University of California (2010). pp. 10 e ss.

[269] O *software* COMPAS, por exemplo, foi desenvolvido especificamente para auxiliar a avaliação na fase do cumprimento da sentença.

4.2. Outras recomendações

4.2.1. Do reforço do ceticismo judicial

Como vimos, na opinião do tribunal no caso de Loomis há uma tentativa de moderar o atual entusiasmo por avaliações algorítmicas de risco na sentença. *Veritas*, a linguagem sofisticada que normalmente é utilizada e o contributo prometedor de soluções para fenómenos complexos com base em conhecimentos científicos que um juiz não domina, poderá contribuir para um compreensível fascínio pela sua utilização. Contudo, o simples relatório referido *supra* é insuficiente quanto a permitir ao Julgador avaliar a situação eficazmente, assim como o peso apropriado a ser dado ao risco[270]. Apesar de se aconselhar esta salvaguarda de alerta aos juízes acerca dos perigos destas avaliações, tal prescrição é um meio ineficaz de alterar as avaliações dos juízes acerca das avaliações de risco, por ser improvável que crie um significativo ceticismo judicial, por ignorar a incapacidade técnica dos juízes de avaliarem as ferramentas de avaliação de risco e não considerar as pressões internas e externas sobre os juízes para usar tais avaliações[271]. De facto, é axiomático o risco de os

Vide State of Wisconsin v. Loomis. [Consult. a 22 out. 2019]. Disponível em: https://bit.ly/2Wbp0ad.

[270] *Vide State of Wisconsin v. Loomis*. [Consult. a 22 out. 2019]. Disponível em: https://bit.ly/2Wbp0ad

[271] *Ibid.*.

resultados deste tipo de tecnologia virem a ser elevados a critério decisivo de verdade, sobrevalorizando-se os resultados produzidos, e colocando-se o juiz, *motu proprio*, numa condição subordinada aos achados. Inversamente, poderá mesmo acabar por rejeitar o patrocínio desta tecnologia, o que não deixaria de propiciar uma comunicação divergente entre o domínio jurídico e os restantes saberes[272].

Ora, na senda de minimizar os perigos associados à introdução no processo de conhecimentos alheios à sua formação de base, deverá o Julgador dotar-se das ferramentas conceptuais necessárias para avaliar o grau de cientificidade deste tipo de instrumentos, atalhando-se que a sua admissibilidade se confine à mera aceitação do que é promovido pelos *experts* da matéria, pois até "os astrólogos consideram a astrologia uma forma válida de conhecimento; assim como o fazem os cartomantes com cartomancia" [273].

4.2.2. *Hominis imperii* ou *Ius Imperii*?

É impossível alcançar uma solução justa, do ponto de vista axiológico, se nos alhearmos da concernente conjuntura. Para tal, o Julgador tem um labor para lá

[272] *Vide* CORDA, A., "Neurociencias y Derecho penal desde el prisma de la dimensión procesal". *In* TARUFFO, M., FENOLL, J. (dirs.), *Neurociencia y proceso judicial*. Madrid: Marcial Pons, 2013. p. 116.

[273] *Vide* TARUFFO, M., «Conoscenza scientifica e decisione giudiziaria», Decisione giudiziaria e verità scientifica, Milano: Giuffrè Editore, 2005, p. 7.

da norma jurídica, ao que corresponde, "[...] afinal, a natureza própria do Direito, [pois] só adquirindo verdadeira densidade normativa, ética e significativa no momento em que é chamado a cumprir as suas concretas intenções. E não passarão essas por um sentido último de justiça jurídica?".[274]

Deste modo, e na senda de ir ao encontro de soluções justas nas incertezas da Justiça contemporânea, a Lei não pode consubstanciar o único parâmetro de decisão na tarefa da jurisprudência e da doutrina – enquanto catarse do pensamento jurídico –, pois ela não basta ao Direito. Nessa medida, o Julgador poderá fundamentar-se racional e eticamente por recurso a uma "mediação hermenêutica-principialista", justificando-se em "parâmetros normativos trans-legais, esses sim verdadeiramente constitutivos do direito", "[p]arâmetros que – identificados com um determinado conjunto de ideias, valores, princípios e aspirações (e que passam pelas noções de humanidade, justiça, dignidade, proporcionalidade, equidade, solidariedade, etc., que subjazem a uma dada imagem do direito) – constituem, no fundo, a própria instância de legitimação última a que obedecem os conteúdos dos comandos imperativos da lei, transcendendo em si mesmos aquela estrutura normativa positivada. São estes parâmetros que conferem razão de ser a esses comandos oficialmente consagrados, e que conferem validade, racionalidade e autoridade,

[274] *Vide* Silva, J. e, *op. cit.*, p. 306

em última análise, às soluções jurídicas encontradas". Sendo esta "uma ideia que se projeta num conjunto de princípios fundamentais, de referências normativas, de parâmetros axiológicos, que carecem muito frequentemente de concreta expressão positiva nas diversas fontes em sentido técnico-jurídico", não serão a razão, a emoção e o organismo – ou seja, os caros sentidos do ser humano – os verdadeiros percetores de tais referências abstratas? A par dos valores, poderão os sentidos humanos vir a ser inculcados a robôs? Esta é uma questão, entre tantas outras, ainda sem resposta científica[275].

Os dados estão lançados. Pusemos em evidência que o Direito é de natureza humana, pelo que a sentença, na sua qualidade de baluarte e autêntico ato de comunicação da atividade judiciária, emanada pela pessoa do juiz, é algo natural e perfeitamente humano e não pode ser rendida pela IA. É incontestável, portanto, que o papel do Julgador é insubstituível pelo formato tecnológico, porquanto é até melindrosa, pelos argumentos expostos, uma perceção contrária. Tal significaria, por um lado, o renascimento do

[275] Não é dicipiciendo apelar a um domínio do Conhecimento que cremos que um computador jamais poderá conhecer: a ciência de ter um corpo humano sensível a estímulos externos. "Ter uma mão, tocar em coisas, experimentar uma emoção cinestésica ao tocá-las, é uma experiência que um computador nunca poderá vir a ter. Como poderia um computador conhecer ou entender o sentimento que dois jovens apaixonados compartilham quando estão de mãos dadas? Como pode um computador conhecer as esperanças e os medos humanos?" *Vide* D'AMATO, A., *op. cit.*. p. 1284.

Positivismo Jurídico que o pensamento da atualidade muito sensatamente tende, como vimos, a rejeitar, e, por outro, é axiomático que a ausência de consciência não permite a uma Máquina enxergar a multiplicidade de circunstâncias do comportamento humano.

Não deixamos de admitir, contudo, que o neutralismo do Julgador é ilusório, porquanto o mesmo nunca existiu enquanto mero aplicador da lei, distante das partes e da sociedade. Ninguém está apto a julgar uma demanda judicial, qualquer que esta seja, apartado do ser que é. O juiz julga – e deve julgar - com o acervo dos valores da sua própria natureza humana, com base na realização da sua liberdade, enquanto homem que é. Para tal, pondera por entre o seu conceito de justiça, os factos e os valores da sociedade em questão, no fito de ascender a uma sentença que seja substancialmente justa, o que não o impede de decidir de uma forma transformadora, por meio dos seus sentidos e das suas referências abstratas. Nesta senda, "[é] necessário sair da ilha para ver a ilha. Não nos vemos se não saímos de nós"[276]. De forma refletiva, deverá apartar-se do ser que foi aquando o contacto com os factos, no sentido de não se deixar influenciar por idiossincrasias e externalidades inoportunas - calibrando questões intrínsecas e emocionais de nem sempre fácil concatenação -, e decidir enquanto ser racional que é. Em boa verdade,

[276] *Vide* SARAMAGO, J., *O Conto da Ilha Desconhecida*. Porto: Porto Editora, 2018. p. 60.

o magistrado pode recolher factos sob o efeito da emoção; não pode é *decidir* sob o seu efeito.

Se, por um lado, a tarefa de fundamentar uma decisão judicial requer uma consciente e acurada extremação, por outro, carece também de um arguto manuseamento dos critérios linguísticos patentes no texto da Lei, sobretudo em termos hermenêuticos, para os quais impera uma necessária revisão dos métodos interpretativos, tendo em conta o hodierno panorama jurídico que renuncia o alcance de sentenças apenas com recurso a uma trivial relação lógico-dedutiva, assente em princípios genuínos de racionalidade, de subsunção dos factos à norma jurídica[277]. Por conseguinte, é improtelável a revisão de grande parte do edifício jurídico ensinado nas Faculdades de Direito do ordenamento jurídico português, e a sua adaptação ao cenário que emerge na atualidade, o que passa, sem margem para dúvidas, pela aprovação de um sistema jurídico mais humanista, porquanto as adversidades sociais apelam à legitimação de um protótipo de Julgador mais humano e mais conciliado com a natureza transmutativa da sociedade. Deste modo se atingiria uma mais íntima relação do binómio Justiça-Verdade, não somente no tratamento e tramitação do processo judicial, como talqualmente na decisão a adotar no mesmo.

[277] *Vide*, desenvolvidamente, SILVA, Joana Aguiar e, *Para uma Teoria Hermenêutica da Justiça. Repercussões Jusliterárias no Eixo Problemático das Fontes e da Interpretação Jurídicas*. Coimbra: Almedina, 2011.

Perante tudo o que ficou dito, não se procura declinar a necessária presença das tradicionais fontes jurídico-normativas do Direito no processo judicativo-decisório, sem as quais se desaguaria numa anarquia – mas antes, quiçá, suscitar uma reflexão relativa à sua hierarquia. Vivemos num tempo que reclama por uma comunidade jurídica que atente a subjetividade inerente às decisões dos Tribunais, uma vez que é mais do que evidente que um modelo de Justiça que se alicerce em indeterminações normativas e em constantes intervenções legislativas, na busca por uma relativa segurança e certeza, não é o que se deve, por maioria de razão, defender para as infindas mutações que a vida oferece ao Direito.

REFLEXÕES CONCLUSIVAS

Dividimos as questões levantadas pela temática ao longo deste trabalho em quatro partes: uma, a descrição do que é a Big Data, as suas caraterísticas técnicas e os seus expectáveis desenvolvimentos, praticamente em todos os setores empresariais e governamentais; na segunda, abordamos algumas oportunidades e importantes desafios que coloca, nomeadamente, o policiamento preditivo e a privacidade; a terceira, em que avaliamos da sua adequação e eventual possibilidade de aplicação ao processo de decisão judicial; e a quarta, na qual se sugerem algumas humílimas recomendações.

A BD é, como vimos, referida pelos seus "3 V's": volume, velocidade e variedade, caraterísticas que derivam da recolha, agregação e processamento de quantidades massivas de dados, bem como das técnicas de *data analytics* usadas para o tratamento da informação digital. A BD é vasta, heterogénea, digital e ilimitada. Vasta porque a análise levada a cabo pela BD configura uma análise de quantidades astronómicas de informação, que decorrem de dezenas de milhões de observações de alta frequência e de rápido processamento de dados; heterogénea, pois resulta de uma ampla gama de sensores e envolve a fusão de fontes de dados que eram anteriormente autónomas entre si; digital, pois esta caraterística facilita a fusão e a partilha dos registos entre instituições, o armazenamento e o processamento e torna os dados mais eficientes para análise e pesquisa remota; e ilimitada, pois estas caraterísticas levantadas extrapolam as fronteiras de contexto institucional determinado, e permitem o uso de análise avançada, tal como os algoritmos preditivos ou a análise em rede.

A Big Data apresenta novos desafios normativos, mas também éticos. Embora represente grandes oportunidades de benefício para as empresas, educação, saúde, Estado e muitos outras áreas, os riscos, contudo, para a privacidade pessoal geram naturalmente questões deveras sindicantes. Como vimos, as entidades usam variadas técnicas analíticas para estudar formatos de dados estruturados e não estruturados que possam auxiliar no processo de tomada de decisão. Entre os vários tipos de dados usados no processamento de Big Data, há dados considerados sensíveis, como, por exemplo, dados reveladores da origem racial de uma pessoa, da sua opinião política, religião e outras crenças, dados sobre saúde ou vida sexual, dados genéticos e biométricos, e condenações ou outras medidas penais). Os avanços no armazenamento e pesquisa de dados e nas tecnologias de *data mining* possibilitaram a preservação e recolocação de crescentes quantidades de dados, gerados pelos utilizadores, e procedem à sua análise para obter novas perspetivas. A vigilância pública da sociedade por parte do Estado, em que procede à recolha e agregação de todo o tipo de dados por todo o tipo de fontes, a que se junta o que os cidadãos depositam deliberada e publicamente nas redes sociais, são dados utilizáveis para fins políticos e de segurança nacional.

Diferentes técnicas de *data mining*, algoritmos de *machine learning*, *neural networks* e *intelligent agents* foram desenvolvidas para classificação, previsão e criação de perfis de comportamento humano para atender aos objetivos de monitorização e dissuasão criminal. Da aplicação dessas técnicas quedou demonstrado que a análise automatizada dos padrões criminais, sem a intervenção constante de seres humanos no processo analítico, é possível. Sob o ambiente de Big Data, existem, de facto, oportunidades para explorar grandes volumes de dados para aprimorar a segurança e as investigações criminais. A análise de várias fontes de dados, em simultâneo e em tempo real, veio transfigurar por completo a vigilância, dada a forma como as agências de segurança extraem conhecimento vital das redes criminosas para apoiar as suas investigações. Tal poder de conhecimento auxilia no desenvolvimento de estratégias abrangentes para prevenir e responder a crimes organizados, como os ataques terroristas e o tráfico de seres humanos. No entanto, ainda devem ser exploradas novas metodologias e técnicas analíticas para abordar os desafios fundamentais da BD.

Não deixamos de sublinhar a existência de claros pontos positivos quanto aos seus métodos analíticos, pelo que as avaliações de risco tornaram-se uma prática relativamente padrão em várias fases do sistema judiciário, mormente nos sistemas criminais norte-americanos.

Destarte, a adoção dos métodos de análise BD está fortemente associada à amplificação das práticas de vigilância tradicionais, assim como a transformações fundamentais no policiamento *per si*. Em primeiro lugar, os OPC passara a completar as avaliações de risco «tradicionais» com pontuações de risco quantificados de forma automatizada. Em segundo lugar, houve um aumento no uso de análise de dados para fins preditivos, ao invés da típica finalidade reativa. Em terceiro lugar, ocorreu uma proliferação dos sistemas baseados em alertas, o que facilita o uso da vigilância passivo-sistemática de um maior número de indivíduos, ao contrário do que era viável com os sistemas tradicionais baseados em consulta. Quarto, o limiar de inclusão nos bancos de dados dos sistemas criminais é menor, nos quais agora se incluem indivíduos que não tiveram qualquer contato direto com a polícia. Finalmente, os dados que anteriormente eram autónomos entre si, são atualmente fundidos em sistemas relacionais, tornando possível para os OPC a utilização de dados originalmente recolhidos em contextos alheios à investigação criminal.

A análise preditiva desafia o paradigma tradicional das fundadas suspeitas, pois a vigilância policial é cada vez mais programática: é contínua, cumulativa e, às vezes, sem um suspeito em concreto. Portanto, é uma questão em aberto saber-se se esta nova vigilância deverá exigir a renovação das estruturas legais existentes, nomeadamente no processo penal. Quando «grandes dados», como no policiamento preditivo, são combinados com «pequenos dados», como na tradicional suspeita individualizada com base em factos específicos sobre um suspeito, é mais fácil, na prática, a obtenção de um padrão de suspeita razoável.

Por outro lado, a proliferação das ferramentas de «vigilância pré-mandado» também cria novas oportunidades para a construção de uma base probatória prévia à investigação criminal, pois omite o motivo de a investigação haver iniciado, caso estejamos perante uma investigação sem autorização judicial ou outra prova inadmissível.

Os algoritmos e as ferramentas de Big Data para influenciar as sentenças de prisão ou para determinar a possibilidade de liberdade condicional são práticas relativamente recentes. Perante a ideia de que a "justiça automatizada" consegue diminuir o preconceito, as heurísticas judiciárias e limitar as decisões à racionalidade matemática, os próprios Tribunais estão também cada vez mais a utilizar as soluções promovidas pela tecnologia BD. Contudo, apontamos estudos que demonstraram que confiar em cálculos automatizados de risco pode aniquilar diversas liberdades fundamentais. De facto, vários estudiosos alertaram que esta «governança automatizada» poderá aniquilar a presunção de inocência, e até, finalmente, abalar a divisão democrática do poder. É pertinente relembrar que no presente trabalho, não só estão presentes o Direito e a Tecnologia, uma vez que a natureza da Psicologia humana, embora não necessariamente edificante, também desempenhou um papel muito importante.

Não nos soçobram dúvidas de que a BD se tornará uma parte integrante da nossa sociedade, pelo que necessitamos de tempo para amadurecer um melhor discernimento acerca das suas grandes oportunidades e dos seus riscos. O nosso desafio será maximizar os seus benefícios e minimizar os seus danos. Há, pois, que refletir no tipo de sociedade que queremos e enfrentar as questões que a utilização de Big Data nos coloca. A racionalidade humana poderá não ser perfeita, mas a tecnologia está também longe de o ser. É que, recapitulando, os nossos algoritmos, apesar de todas as virtudes assinaladas, assentam em caraterísticas que a Ciência ainda não logrou consertar. São elaborados pelo Homem; logo, tal como ele, falham, preconceituam, escondem os seus motivos e são também formatados pelas suas crenças, como o bom do Julgador. Mas, também como os homens, podem ser regulamentáveis, curados e potenciar feitos milagrosos. Sublinhamos, tal como o (insubstituível) Homem!

REFERÊNCIAS BIBLIOGRÁFICAS

AINOW, *Litigating algorithms: Challenging Government use of algorithm decision systems.* AI Now Institute in collaboration with Center on Race, Inequality, and the Law Electronic Frontier Foundation [Em linha]. (2018). [Consult. a 22 out. 2019]. Disponível em: https://bit.ly/2OGMySL.

ALBUQUERQUE, P., *Comentário do Código de Processo Penal à luz da Constituição da República e da Convenção Europeia dos Direitos do Homem.* 4.ª ed.. Lisboa: Universidade Católica Editora, 2011.

ANGWIN, J., LARSON, J., MATTU, S., KIRCHNER, L., "Machine Bias". *In Propublica* (2016). [Consult. a 22 out. 2019]. https://bit.ly/1XMKh5R.

ALIYEVA, S., HAJIRAHIMOVA, M., "About Big Data Measurement Methodologies and Indicators. *In International Journal of Modern Education and Computer Science.* Vol. 9, n.º 10 (2017). pp. 1 a 9. [Consult. a 22 out. 2019]. Disponível em: https://bit.ly/2MN0WZn.

ASHTON, K., "'That Internet of Things' Thing". *In RFID Journal* [Em linha] (2009). [Consult. a 22 out. 2019]. Disponível em : https://bit.ly/2ARgioI.

BALL, K., WEBSTER, F., *In The Intensification of surveillance: crime, terrorism and warfare in the information age.* 1.ª ed.. London: Pluto Press, 2003.

BARRY-JESTER, A., CASSELMAN, B., GOLDSTEIN, D., "The New Science of Sentencing. Should prison sentences be based on crimes that haven't been committed yet?". The Marshall Project (2015). [Consult. a 22 out. 2019]. Disponível em: https://bit.ly/1KNNygi.

BAUMGARTNER, K., FERRARI, S., PALERMO, G., "Constructing Bayesian networks for criminal profiling from limited data". *In Knowledge-Based Systems* [Em linha]. Vol. 21, n.º 7 (2008) [Consult. a 22 out. 2019]. Disponível em: https://bit.ly/2MdWJxP.

BERMAN, J., *Principles of big data: preparing, sharing, and analyzing complex information.* Amsterdam: Elsevier, Morgan Kaufmann, 2013.

BOLLEN, J., MAO, H., "Twitter Mood as a Stock Market Predictor". *In Computer* [Em linha]. Vol. 44, n.º 10 (2011) [Consult. a 22 out. 2019]. Disponível em: https://bit.ly/30JHgJk.

BOYD, D., CRAWFORD, K., "Six Provocations for Big Data". *In Social Science Research Network: A Decade in Internet Time: Symposium on the Dynamics of the Internet and Society* [Em linha]. (2011). [Consult. a 22 out. 2019]. Disponível em: https://bit.ly/2L3didW.

- - - - - "Critical questions for Big Data: Provocations for a cultural, technological, and scholarly phenomenon". *In Information, Communication & Society* [Em linha]. Vol. 15, n.º 2 (2012) [Consult. a 22 out. 2019]. Disponível em: https://bit.ly/2EFuiAV.

BRAYNE, S., "'Big Data Surveillance: The Case of Policing".' *In American Sociological Review.* Vol 82, n.º 5 (2017). pp. 977–1008.

BRENNER, W., ZARNEKOW, R., WITTIG, H., *Intelligent Software Agents: Foundations and Applications.* 1.º ed.. Berlin, Heidelberg: Springer Berlin Heidelberg, 1998.

BROUSSARD, G., *"A Primer for Defining and Implementing Big Data in the Marketing and Advertising Industry"* [Em linha]. Council for Research Excellence. (2014) [Consult. a 22 out. 2019]. Disponivel em: https://bit.ly/2Y33aJx.

CALHEIROS, M., "Verdade, Prova e Narração". *In Revista do CEJ.* 2.º semestre. n.º 10 (2008).

- - - - - , *Para uma teoria da prova.* – (Estudos CEJUR). Braga: Coimbra Editora, 2015.

- - - - -, "A prova como experiência interdisciplinar no Direito". *In* BORGES, A., COELHO, S. (*org.*), *Interconstitucionalidade e Interdisciplinaridade: Desafios, âmbitos e níveis de interação no mundo global.*

1.º ed. Uberlândia: Laboratório Americano de Estudos Constitucionais Comparados PPGD-UFU, 2015. vol. 1.

CALVO GONZÁLEZ, J., "La verdad de la verdad judicial. Construcción y régimen narrativo". *In* CALVO GONZÁLEZ, J. (coord.), *Verdade [Narración] Justicia*. Málaga: Universidad de Málaga, 1998.

CANOTILHO, J., MOREIRA, V., *Constituição da República Portuguesa Anotada*. 4.ª ed.. Vol. I .Coimbra: Coimbra Editora, 2007.

CASEY, P., WARREN, R., ELEK, J., *In Using Offender Risk and Needs Assessment Information at Sentencing. Guidance for Courts from a National Working Group*. National Center for State Courts. (2011) [Consult. a 22 out. 2019]. Disponível em: https://bit.ly/2lOzXAK.

CHRISTIN, A., "From daguerreotypes to algorithms: machines, expertise, and three forms of objectivity". *In ACM SIGCAS Computers and Society*. Vol. 46, n.º 1 (2016). pp. 27–32.

COHEN, J., "What Privacy is For?". *In Harvard Law Review* [Em linha]. Vol. 126 (2013) [Consult. a 22 out. 2019]. Disponível em: https://bit.ly/2ZINoRM.

CORDA, A., "Neurociencias y Derecho penal desde el prisma de la dimensión procesal". *In* TARUFFO, M., FENOLL, J. (dirs.), *Neurociencia y proceso judicial*. Madrid: Marcial Pons, 2013.

CORMEN, T. [*et. al.*], *Introduction to algorithms*. 3.ª ed.. Cambridge: MIT Press, 2009.

COX, M., ELLSWORTH, D., *Managing Big Data for Scientific Visualization* [Em linha]. ACM Siggraph (1997). [Consult. a 22 out. 2019]. Disponível em: https://bit.ly/2XPewRg.

DAHBUR, K., MUSCARELLO, T., "Classification system for serial criminal patterns". *In Artificial Intelligence and Law*. Vol. 11, n.º 4 (2003). pp. 251 a 269.

D'AMATO, Anthony, "Can/Should Computers Replace Judges?". *In Georgia Law Review*. Vol. 11 (1977). pp. 11 a 36.

DAMÁSIO, A., *O erro de Descartes. Emoção, razão e cérebro humano*. Lisboa: Publicações Europa-América, 1995.

DE MAURO, A., GRECO, M., GRIMALDI, M., "A formal definition of Big Data based on its essential features". *In Library Review* [Em linha]. Vol. 65, n.º 3 (2016). [Consult. a 22 out. 2019]. Disponível em: https://bit.ly/32gIqMz.

DEDIC, N. STANIER, C., "Towards Differentiating Business Intelligence, Big Data, Data Analytics and Knowledge Discovery". *In Innovations in Enterprise Information Systems Management and Engineering: 5th International Conference, ERP Future 2016 - Research.* Hagenberg: Springer International Publishing (2016). pp. 114 a 122.

DOUG, L., "3D data management: Controlling data volume, velocity and variety". *In META Group Research Note* 70. (2001) [Consult. a 22 out. 2019]. Disponível em: https://gtnr.it/2cFHqsu.

ELGENDY, N., ELRAGAL, A., "Big Data Analytics: A Literature Review Paper". *In* PERNER, P., (ed.), *Advances in Data Mining. Applications and Theoretical Aspects.* Cham: Springer International Publishing (2014). pp. 214 a 227.

ERICSON, R., HAGGERTY, K. (eds.), *The new politics of surveillance and visibility*. 1.ª ed.. Toronto: University of Toronto Press, 2006.

ESR, *Access to STRmix™ Software by Defence Legal teams.* ESR - The Science Behind the Truth (2016). [Consult. a 22 out. 2019]. Disponível em: https://bit.ly/2J1VbUc.

EUROPE, Council of, *Algorithms and Human Rights. Study on the human rights dimensions of automated data processing techniques and possible regulatory implications* [Em linha]. (2018) [Consult. a 22 out. 2019]. Disponível em: https://bit.ly/2mFIcja.

EVERTS, S., "Information Overload". *In Distillations.* Vol. 2, n.º 2 (2016). pp. 26 a 33.

FARABEE, D., [et. al.], *COMPAS Validation Study: Final Report.* California Department of Corrections and Rehabilitation, Semel Institute for Neuroscience and Human Behavior, University of California (2010).

FORTUNY, J., MARTENS, D., PROVOST, F., "Predictive modeling with Big Data: Is bigger really better?". *In Big Data* [Em linha]. Vol. 1, n.º 4 (2013). [Consult. a 22 out. 2019]. Disponível em: https://bit.ly/2ZAqrmR.

FOURCADE, M., HEALY, K., "Seeing like a market". *In Socio-Economic Review.* (2016). pp. 9 a 29.

GOVERNMENT, HM, *Industrial Strategy: Building a Britain fit for the future* [Em linha] (2017). [Consult. a 22 out. 2019]. Disponível em: https://bit.ly/2GuEuRt.

GUEDES, F., VAZA, A. (eds.), *Dicionário Verbo: língua portuguesa, conforme a novo acordo ortográfico.* 2ª. ed.. Lisboa: Verbo, 2008.

HAMILTON, M., "Risk and Needs Assessment: Constitutional and Ethical Challenges". *In SSRN Electronic Journal* (2014).

HARFORD, T., "Big data: are we making a big mistake?" *In Financial Times* (2014) [Consult. a 22 out. 2019]. Disponível em: https://on.ft.com/2fTd6R5.

HASHEN, I., [*et. al.*], "The rise of 'big data' on cloud computing: Review and open research issues". *In Information Systems.* Vol. 47. pp. 98 a 115.

HAYES, P., WEINSTEIN, S., "Constru/TIS: A System for Content-based Indexing of a Database of News Stories". *In* SMITH, R. (ed.), *Proceedings of the Second Conference on Innovative Applications of Artificial Intelligence.* California: Association for the Advancement of Artificial Intelligence (AAAI), 1991. pp. 49 a 64.

HEATHER, K., "Police Embrace Social Media as Crime-Fighting Tool". *In CNN Business.* [Consult. a 22 out. 2019]. Disponível em: https://cnn.it/2AKuijg.

HELLERSTEIN, J., "Parallel Programming in the Age of Big Data". *In Gigaom Blog* [Em linha] (2008). [Consult. 22 out. 2019]. Disponível em: https://bit.ly/2YepSP3.

HELVETICUM, Collegium, *Call for Papers: 'Automated Justice: Algorithms, Big Data and Criminal Justice Systems'.* International Scientific Conference (2018) [Consult. a 22 out. 2019]. Disponível em: https://bit.ly/2ErVClv.

HENNING, K., LABRECQUE, R., "Risk Assessment in Criminal Justice". Justice Reinvestment Summit. Salem, O.R.: Portland State University, 2017.

HICKEN, M., "What information is the government buying about you?". *In money.cnn.com* [Em linha]. (2013). [Consult. a 22 out. 2019]. Disponível em: https://cnn.it/338Z0P6.

HILBERT, M., "Big Data for Development: From Information - to Knowledge Societies". *In SSRN Electronic Journal* [Em linha] (2013). [Consult. a 22 out. 2019]. Disponível em: https://bit.ly/339B4et.

HILBERT, M., LÓPEZ, P., "The world's technological capacity to store, communicate, and compute information". *In Science* [Em linha]. Vol. 332, n.º 6025. (2011). [Consult. a 22 out. 2019]. Disponível em: https://bit.ly/1i1tDNy.

IBÁÑEZ, P., "Sobre a formação racional da convicção judicial". *In Revista Julgar*. Coimbra: Coimbra Editora. n.º 3 (2011).

INSTITUTE, American Law, *Model Penal Code: Sentencing - Tentative Draft No. 3*. Submitted by the Council to the Members of The American Law Institute for Consideration at the Ninety-First Annual Meeting on May 19, 20, and 21, 2014 (2014).

HVISTENDAHL, M., "Can "predictive policing" prevent crime before it happens?". *In Science*. [Consult. a 22 out. 2019]. Disponível em: https://bit.ly/2mAf2Sl.

INNES, M., "Control Creep". *In Sociological Research Online* [Em linha]. Vol. 6, n.º 3 (2001). [Consult. a 22 out. 2019]. Disponível em: https://bit.ly/2kTXwrv.

ISIDORO, Á., "Ninguém pode ser identificado só por estar em zona de risco". *In Diário de Notícias* (2018). [Consult. a 22 out. 2019]. Disponível em: https://bit.ly/30I2kiF.

JACOBS, A., "The Pathologies of Big Data". Vol. 7, n.º 6. *In ACM-Queue* [Em linha]. (2009). [Consult. a 22 out. 2019]. Disponível em: https://bit.ly/2GQLIOI.

KAISLER, S., [et. al.], *Big Data: Issues and Challenges Moving Forward*. Wailea: IEEE, 2013.

KAPLAN, A., HAENLEIN, M., "Siri, Siri, in my hand: Who's the fairest in the land? On the interpretations, illustrations, and implications of artificial intelligence". *In Business Horizons* [Em linha]. Vol. 62, n.º 1 (2019). [Consult. a 22 out. 2019]. Disponível em: https://bit.ly/2Ldc6Dq.

KEHL, D., GUO, P., KESSLER, S., *Algorithms in the Criminal Justice System: Assessing the Use of Risk Assessments in Sentencing*. Responsive Communities Initiative, Berkman Klein Center for Internet & Society. Harvard Law School. (2017).

KIRCHNER, L., "Where Traditional DNA Testing Fails, Algorithms Take Over". *In Propublica* [Em linha] (2016). [Consult. a 22 out. 2019]. Disponível em: https://bit.ly/2esxW3p.

KITCHIN, R., MCARDLE, G., "What makes Big Data, Big Data? Exploring the ontological characteristics of 26 datasets". *In Big*

Data & Society [Em linha]. Vol. 3, n.º 1 (2016). [Consult. a 22 out. 2019]. Disponível em: https://bit.ly/2UhAlom.

KLINGELE, C., "The Promises and Perils of Evidence-Based Corrections". *In Notre Dame Law Review*. Vol. 91, n.º 2 (2016). pp. 537 a 584.

LIN, C., [et. al.], "Technology implementation management in law enforcement: COPLINK system usability and user acceptance evaluations". *In Social Science Computer Review* [Em linha]. Vol. 22, n.º 1 (2004). [Consult. a 22 out. 2019]. Disponível em: https://bit.ly/2lNoj8Z.

LOHR, S., "The Origins of 'Big Data': An Etymological Detective Story". *In The New York Times* [Em linha] (2013). [Consult. a 22 out. 2019]. Disponível em: https://nyti.ms/2RG06NM.

LORDS, House of, *AI in the UK: ready, willing and able?* (2018) [Consult. a 22 out. 2019]. Disponível em: https://bit.ly/2vhDmfr.

LOUREIRO, F., "A (i)mutabilidade do paradigma processual penal respeitante aos direitos fundamentais em pleno século XXI". *In* MONTE, M. [*et. al.*] (eds.), *Que futuro para o direito processual penal? simpósio em homenagem a Jorge de Figueiredo Dias, por ocasião dos 20 anos do Código de processo penal português*. Coimbra: Coimbra Editora, 2009.

- - - - - "A pós-verdade e a reconfiguração da tensão dialética do direito processual penal". *In O Alcance dos Direitos Humanos nos Estados Lusófonos*. 1.ª ed.. Santa Cruz do Sul: EDUNISC, 2017. [Consult. a 28 out. 2019]. Disponível em: https://bit.ly/36evQjJ.

LUSA, "'Polícia Automático' detectou 521 carros roubados". *In Diário de Notícias* [Em linha]. (2009). [Consult. a 22 out. 2019]. Disponível em: https://bit.ly/2MjZNpF.

LYON, D., *In Surveillance as Social Sorting: Privacy, Risk and Automated Discrimination* [Em linha]. Florence: Taylor and Francis, 2005. [Consult. a 22 out. 2019]. Disponível em: https://bit.ly/2lZFpR5.

LYON, D., *In Surveillance after Snowden* [Em linha]. 1.ª ed.. Cambridge: Polity Press, 2015. [Consult. a 22 out. 2019]. Disponível em: https://bit.ly/2kWbN72.

MAHONEY, M., "The cost of Artificial Intelligence". *In* CURADO, M., GOUVEIA, S., (eds.), *Philosophy of Mind: Contemporary Perspectives*, Cambridge: Cambridge Scholars Publishing, 2017.

MANRIQUE, J., "Breves consideraciones acerca del aterrizaje de la inteligencia artificial en el derecho y su influencia en la realización de los derechos fundamentales". *In Revista Pensamiento Americano*. Vol. 10, n.º 19 (2017). pp. 210 a 227.

MANYIKA, J., [et. al.], *Big Data: The next frontier for innovation, competition, and productivity*. McKinsey Global Institute [Em linha] (2011). [Consult. a 22 out. 2019]. Disponível em: https://mck.co/2KKP06c.

MARX, G., *In Windows into the soul: surveillance and society in an age of high technology*. Chicago; London: The University of Chicago Press, 2016.

MASHEY, J., "Big Data ... and the Next Wave of InfraStress". In Usenix - The Advanced Computing Systems Association [Em linha] (1998). [Consult. a 22 out. 2019]. Disponível em: https://bit.ly/2xQZ48s.

MASSIE, S., "Orange is the New Equal Protection Violation: How Evidence-Based Sentencing Harms Male Offenders". *In William and Mary Bill of Rights Journal*. Vol. 24, n.º 2 (2015). pp. 521 a 550.

MAYER-SCHÖNBERGER, V., CUKIER, K., *Big data: a revolution that will transform how we live, work and think*. London: Murray, 2013.

MENA, J., *In Investigative data mining for security and criminal detection* 1.ª ed.. Amsterdam Boston: Butterworth-Heinemann, 2003.

MEZA, D., "La inteligencia artificial predice juicios de derechos humanos". *In N+1* [Em linha]. (2016). [Consult. a 22 out. 2019]. Disponível em: https://bit.ly/2I5EJkf.

MIRAUT, L., "La Sentencia Judicial entre la Recreacíon y la Sustitución de los Hechos". *In Anuario de Filosofia del Derecho*. Tomo XVIII (2001).

MITCHELL, T., *Machine Learning*. McGraw-Hill Series In Computer Science. 1.ª ed.. New York: McGraw-Hill, 1997.

MOSS, K., "The Admissibility of Trueallele: A Computerized DNA Interpretation System". *In Washington and Lee Law Review* [Em linha]. Vol. 72, n.º 2. [Consult. a 22 out. 2019]. Disponível em: https://bit.ly/2Mx2EOG.

MUJEEB, S., NAIDUA, L., "Relative Study on Big Data Applications and Techniques". *In International Journal of Engineering and*

Innovative Technology [Em linha]. Vol. 4, n.º 10 (2015). [Consult. a 22 out. 2019]. Disponível em: https://bit.ly/2HQlvjN.

NATH, S., *2006 IEEE/WIC/ACM International Conference on Web Intelligence and Intelligent Agent Technology Workshops.* Hong Kong: IEEE (2006). pp. 41–44.

NICKERSON, D., ROGERS, T., "Political Campaigns and Big Data. HKS Faculty Research Working Paper Series". *In HKS Faculty Research Working Paper Series* [Em linha]. N.º RWP13-045. [Consult. a 22 out. 2019]. Disponível em: https://bit.ly/2HQlQmz.

O'LEARY, D., "Knowledge Discovery for Continuous Financial Assurance Using Multiple Types of Digital Information". *In SSRN Electronic Journal* [Em linha] (2012). [Consult. a 22 out. 2019]. Disponível em: https://bit.ly/2PHfhJo.

-----, "Artificial Intelligence and Big Data". In *IEEE Intelligent Systems.* Vol. 28, n.º 2 (2013). pp. 96 a 99.

OSTROM, C., OSTROM, B., KLEIMAN, M., *Judges and Discrimination. Assessing the Theory and Practice of Criminal Sentencing* [Em linha] (2004). [Consult. a 22 out. 2019]. Disponível em: https://bit.ly/2penebT.

PASQUALE, F., *The black box society: the secret algorithms that control money and information.* 1.ª ed.. Cambridge: Harvard University Press, 2015.

PEDRESCHI, D., [et. al.], "Open the black box: data-driven explanation of black box decision making". *In 5th International Conference on Big Data Analysis and Data Mining* [Em linha] (2018). [Consult. a 22 out. 2019]. Disponível em: https://bit.ly/2m3dUGK.

PESSOA, A., *A Prova Testemunhal (Estudo de Psicologia Judiciária).* Coimbra: Imprensa da Universidade, 1913.

PINGDOM, "Internet 2011 in numbers". *In Royal Pingdom* [Em linha]. [Consult. a 22 out. 2019]. Disponível em: https://bit.ly/2XRHnV8.

POÇAS, S., "Da sentença penal - Fundamentação de facto". *In Julgar.* n.º 3. pp. 21 a 44.

PRAMANIK, M. [et. al.], "Big data analytics for security and criminal investigations". *In Wiley Interdisciplinary Reviews: Data Mining and Knowledge Discovery.* In Wiley Interdisciplinary Reviews: Data Mining and Knowledge Discovery. Vol. 7, n.º 4 (2017). pp. 1 a 19.

PRIVACYSOS.ORG, "Cop Car with Built-In Face Recognition and Predictive Policing Wins UK Award". *In PrivacySOS* [Em linha]. [Consult. a 22 out. 2019]. Disponível em: https://bit.ly/2odZvsk.

REINSEL, D., GANTZ, j., RYDNING, J., *Data Age 2025: The Evolution of Data to Life-Critical* [Em linha]. Framingham: International Data Corporation. (2017). [Consult. a 22 out. 2019]. Disponível em: https://go.ey.com/2XYTvUn.

REIPS, U., MATZAT, U., "Mining 'Big<Data' using Big Data Services". *In International Journal of Internet Science*. Vol. 9, n.º 1 (2014). pp. 1 a 8.

RICKFORD, R., "'Black Lives Matter: Toward a Modern Practice of Mass Struggle".' *In New Labor Forum*. Vol. 25, n.º 1 (2016). pp. 34 a 42.

RIGHTS, Agency for Fundamental, *Manual da legislação europeia sobre proteção de dados*. Strasbourg: Publications Office, 2014.

RODRIGUES, A., "O Inquérito no Novo Código de Processo Penal". *In Jornadas de Direito Processual Penal. O Novo Código de Processo Penal*. Coimbra: Almedina. pp. 59 a 79.

RULE, J. B., *Privacy in Peril: How We Are Sacrificing a Fundamental Right in Exchange for Security and Convenience*. 1.ª ed.. Oxford; New York: Oxford University Press, 2007.

SARAMAGO, J., *O Conto da Ilha Desconhecida*. Porto: Porto Editora, 2018.

SARTOR, G., BRANTING, L. "Introduction: Judicial Applications of Artificial Intelligence". *In Judicial Applications of Artificial Intelligence*. Dordrecht: Springer Netherlands, 1998. pp. 1 a 6.

SHAH, S., HORNE, A., CAPPELÁ, J., "Good Data Won't Guarantee Good Decisions". *In Harvard Business Review* [Em linha] (2012). [Consult. a 22 out. 2019]. Disponível em: https://bit.ly/1yyYVOW.

SILVA, Joana Aguiar e, *Para uma Teoria Hermenêutica da Justiça. Repercussões Jusliterárias no Eixo Problemático das Fontes e da Interpretação Jurídicas*. Coimbra: Almedina, 2011.

SNIJDERS, C., MATZAT, U., REIPS, U., "'Big Data': Big gaps of knowledge in the field of Internet". *In International Journal of Internet Science*. Vol. 7, n.º 1 (2012). pp. 1 a 5.

STARR, S., "Evidence-Based Sentencing and the Scientific Rationalization of Discrimination". *In Stanford Law Review*. Vol. 66, n.º 4 (2014).

STERNBERG, R., *Psicologia Cognitiva*. 4.ª ed. Porto Alegre: Artmed, 2008.

TARUFFO, M., "Judicial Decisions and Artificial Intelligence". *In Artificial Intelligence and Law*, Netherlands: Kluwer Academic Publishers, 1998.

- - - - -, "Conoscenza scientifica e decisione giudiziaria»". *Decisione giudiziaria e verità scientifica*. Milano: Giuffrè Editore, 2005.

TUFFÉRY, S., *Data mining and statistics for decision making*. Wiley Series in Computational Statistics. Chichester: Wiley, 2011.

WAKEFIELD, S., UGGEN, C., "Incarceration and Stratification". *In Annual Review of Sociology*. Vol. 36, n.º 1 (2010). pp. 387 a 406.

WIENER-BRONNER, D., "How the Dow fell 800 points in 10 minutes". *In money.cnn.com* [Em linha] (2018). [Consult. a 22 out. 2019]. Disponível em: https://cnn.it/2BdymZB.

WINFIELD, A., JIROTKA, M., "The Case for an Ethical Black Box". *In Towards Autonomous Robotic Systems*. Cham: Springer International Publishing, 2017. pp. 262 a 273.

ZIKOPOULOS, P., *Understanding big data: analytics for enterprise class Hadoop and streaming data*. New York: McGraw-Hill, 2012.

- - - - - [*et. al.*], *Harness the Power of Big Data: The IBM Big Data Platform*. New York ; Singapore: McGraw-Hill, 2013.